Edición:	Primera en castellano. Noviembre de 2019
ISBN:	978-84-18095-01-6
Depósito legal:	M-34687-2019
Tirada:	1000 ejs.
Código Thema:	JBSP1 [Grupos por edades: infancia]
	JKSB1 [Bienestar infantil]
	JKSF [Adopción y acogimiento]
Copyright de esta edición:	© 2019, Miño y Dávila srl / Miño y Dávila editores sl
Copyright del cap. 4:	© 2010, Fabert
Ilustración de cubiertas:	Juan Augusto Laplacette
Armado y composición:	Laura Bono
Traducción:	Cristina Martínez-Taboada y Edurne Elgorriaga (cap. 1)
	Marcelle Missio, Ana Lía Ruiz y Nora Woscoboinik (caps. 2, 3 y 4)
Revisión general:	Pola Roitman (caps. 2, 3 y 4)

Prohibida su reproducción total o parcial, incluyendo fotocopia, sin la autorización expresa de los editores.
Cualquier forma de reproducción, distribución, comunicación pública o transformación de esta obra solo puede ser realizada con autorización de sus titulares, salvo excepción prevista por la ley. Diríjase a CEDRO (Centro Español de Derechos Reprográficos, www.cedro.org) si necesita fotocopiar o escanear algún fragmento de esta obra.

Sociedad Argentina de Primera Infancia - SAPI

Página web: www.sapi.org.ar
Mail administración: secretaria@sapi.org.ar

Dirección: Olazábal 2570. 6 A
(C1428AAL), Buenos Aires, Argentina.

Página web: www.minoydavila.com
Mail producción: produccion@minoydavila.com
Mail administración: info@minoydavila.com

Dirección: Miño y Dávila s.r.l.
Tacuarí 540. Tel. (+54 11) 4331-1565
(C1071AAL), Buenos Aires, Argentina.

Marie Rose Moro - Bernard Golse

CRECER EN SITUACIÓN
TRANSCULTURAL

Una oportunidad para las infancias

ÍNDICE

Presentación,
Comisión Directiva de la SAPI 9

1/ La clínica transcultural: epistemología y técnica,
Marie Rose Moro 17

- Pensar 17
- La cultura del interior 17
- El enigma de la enfermedad 18
- El ser, el sentido y el hacer 19
- La migración como separación 20
- El exilio, una triste felicidad 21
- Repensar el hacer 22
- Un dispositivo mestizo y cosmopolita 24
- El cuidado de manera plural 24
- El viaje de las lenguas maternas 26
- El terapeuta también es un ser cultural:
  la contra-transferencia-cultural 27
- Modificar el tiempo 29
- Eficacia terapéutica-investigación 29
- ¿Qué propone un enfoque transcultural? 31
- Ni mágico ni exótico, una práctica conveniente para todos ... 32
- Las condiciones de la subjetividad 33
- Experimentar la diferencia 34
- Bibliografía 35

2/ **El concepto de filiación narrativa. El cuarto eje de la filiación,**
Bernard Golse y Marie Rose Moro 37

- Introducción 37
- Los tres ejes de la filiación según J. Guyotat 38
- La filiación legal, simbólica o instituida 39
- La filiación psíquica, afectiva, imaginaria o narcisista 39
- El concepto de filiación narrativa como cuarto eje de la filiación (eje del relato) 40
- Las raíces epistemológicas del concepto de narración 41
  - Las raíces filosóficas 41
  - Las raíces históricas 42
  - Las raíces literarias y lingüísticas 42
  - Las raíces psicoanalíticas 42
  - Las raíces del desarrollo 44
- A partir de las interacciones precoces 47
  - El espacio de las interacciones precoces como espacio de narración en ambos sentidos (los trabajos del Instituto Pikler-Loczy en Budapest) 47
- La experiencia del CNAOP (Consejo Nacional para el Acceso a los Orígenes Personales) 50
- La adopción: ¿información o revelación? 52
- El deseo de los padres adoptantes y el derecho a una historia para los niños adoptados 53
  - Lisette, el pajarito asustado 53
- El derecho a una historia y no solamente el derecho a los orígenes 56
- Conclusión 59
- Bibliografía 59

3/ **La adopción internacional. La doble extranjería del niño adoptado de otros "lugares",**
Bernard Golse 65

- Introducción 65
- El niño, ese extranjero permanente 65
- "El bebé en la cabeza" de los adultos 67
- El "embarazo psíquico" de los candidatos a adoptar 68
- Conclusiones 70
- Bibliografía 71

4/ Crecer en un mundo abierto, ¡una suerte!,
Marie Rose Moro.. 73

- Mil y una formas de representarse los niños........................ 75
- Ejemplos de lógicas culturales... 77
- Los bebés y sus padres: el desafío de la parentalidad.......... 78
- Proteger los bebés y cuidarlos... 79
    - La práctica de los cuidados.. 79
    - Actitud hacia las técnicas terapéuticas y a su disposición.. 80
- Comparar el desarrollo infantil 81
- La cultura participa en la prevención psicológica precoz..... 82
- Los bebés de parejas mixtas, los bebés nacidos en el exilio, y los educados por las niñeras.. 84
- Los bebés en las llamadas nuevas familias y los parentescos escogidos.. 87
- Los hijos de migrantes en la escuela, cambiar de un idioma a otro y de un mundo a otro.. 89
    - Cuando la escuela decepciona....................................... 89
    - El tiempo no apacigua nada... 91
    - La escuela debe aprender a hablar de la pluralidad antes que esconderla... 92
- La diversidad cultural y lingüística de los niños, un valor para cultivar.. 93
- Una historia de todos los días, Makan, el dolor del fracaso ... 97
- Los adolescentes: unas construcciones identitarias complejas.. 98
- Para los adolescentes, negociar entre lo mismo y el otro 100
- ¿A quién me parezco? 102
- La necesaria conflictividad entre yo y nosotros................... 103
- ¿Cómo la vulnerabilidad puede traducirse en creatividad y nuevas habilidades?.. 104
- Conducta a adoptar frente a un niño que acaba de llegar a un país que no conoce 106
- Conducta a adoptar frente a todo los hijo de migrantes....... 108
- ¿Derivar en el ámbito de la psiquiatría o en psiquiatría transcultural?... 111
- Bibliografía... 113

Acerca de los autores 117

PRESENTACIÓN[1]

Nuestra historia como Sociedad Argentina de Primera Infancia (SAPI)

Desde el año 2005 un grupo de profesionales de diferentes disciplinas, que trabajamos en el área de las primeras infancias,[2] creamos un espacio de encuentro, de intercambio y trabajo colaborativo entre especialistas provenientes del campo de la salud, la educación y la justicia que se ocupan de la atención de niñas, niños y sus cuidadores desde el embarazo hasta los cinco años de edad, considerando la complejidad de los vínculos primordiales que constituyen al sujeto y su entorno: cultura, comunidad y sociedad.

Desde aquellos inicios transitamos un proceso donde confluyen diversas ideas, teorías, aportes y experiencias que gestaron y conciben nuestra red conceptual y posición ética actual sobre las primeras infancias.

---

1. Esta presentación fue construida a modo de trama historizante por miembros de SAPI y los integrantes de su Comisión Directiva actual: Marcela Armus, Alicia Castañeda, Alejandra Giacobone, Augusto Laplacette, Graciela Ottaviano, Ana Lía Ruiz, Clara Schejtman, Nora Woscoboinik, Gabriela Yrala.
2. Los miembros fundadores de SAPI son: Marcela Armus, Noemí Beneito, Myrtha Chokler, Ricardo Gorodisch, Miguel Hoffmann, Alicia Mallo, Susana Maquieira, Mónica Oliver, Ana Lía Ruiz, Clara Schejtman, Liliana Tettamanti, Nora Woscoboinik.

La misión de SAPI, como organización sin fines de lucro, conformada formalmente en el año 2008, es difundir e intercambiar conocimientos relativos a la Primera Infancia en los planos de la investigación, la educación, el acompañamiento del desarrollo, la prevención, la asistencia y la promoción y protección de los derechos de niñas y niños. A su vez, se propone promover enlaces cooperativos con otras organizaciones, tanto nacionales como internacionales, ligadas a la Primera Infancia, manteniendo una continua actualización en el tema y un fluido vínculo con la Asociación Mundial de Salud Mental Infantil (WAIMH).

Una de las propuestas principales de SAPI es potenciar el desarrollo y la transmisión de conocimientos, sensibilizando también a la comunidad y a los medios de comunicación, asesorando en políticas públicas y proyectos que contribuyan a la promoción de una mejor calidad de vida de niñas y niños, y acercando a la población los avances que actualizan, sostienen y refuerzan acciones de prevención.

Desde sus comienzos nuestra institución se ha ocupado en profundizar redes de intercambio del conocimiento y actividades de difusión del cuidado infantil con perspectiva federal en la República Argentina. En este sentido, hemos organizado numerosos proyectos académicos y científicos, como lo fue la Jornada *"Desafíos y riesgos en la primera infancia"*, realizada en la Academia Nacional de Medicina, con la participación de importantes referentes y expertos de diversas disciplinas de nuestro país y del extranjero. En aquella oportunidad contamos con la valiosa presencia del Dr. Salvador Celia, pionero en trabajo comunitario, ligado al cuidado y atención del niño pequeño y su entorno. Hoy lo recordamos y le rendimos tributo a quien nos trasmitió en aquel momento todo su empuje y creatividad a través de sus relatos de la "Semana del Bebé" organizada cada año en la ciudad de Canela, Brasil. En esa actividad también nos acompañaron Miri Keren, psiquiatra israelí destacada por su trayectoria de investigación a nivel mundial y el biólogo molecular argentino Alberto Kornblith, ambos aportando toda su capacidad y experiencia en beneficio de la primera infancia. Otros grandes referentes que formaron parte de aquella Jornada son Sara Slapak, Estela Grad,

Flavia Rainieri, Susana Gaetano, Adriana Granica, Daniel Camels y Cristina Fraccia.

Como una actividad tendiente a acrecentar los vínculos interdisciplinarios e intersectoriales, organizamos en estos años más de cuarenta *Cafés Científicos*, luego denominados *Diálogos en Convivencia*, que fueron pensados como espacios de integración, intercambio y profundización acerca de diferentes aspectos e interrogantes sobre las primeras infancias hoy. Estos diferentes espacios se han sostenido constantemente a lo largo de trece años convocando a referentes de distintas disciplinas, profesiones y áreas de influencia, que han compartido saberes y experiencias, debatiendo y reflexionando sobre sus distintas posiciones en torno a nuestro tema central.

Los *Capítulos* son una modalidad de reflexión profesional que se implementan desde el origen de SAPI; son espacios más íntimos que permiten compartir saberes y experiencias desde diversas perspectivas disciplinares y territorios de trabajo con las infancias. Actualmente realizamos dos Capítulos con grupos de encuentro mensuales: *Crianza e Interculturalidad* y *Vínculo Temprano*. Este último se mantiene funcionando ininterrumpidamente desde el año 2009, y tuvo como principal referente hasta el 2017 a la querida Noemí Beneito, miembro fundador de SAPI, integrante de la Comisión Directiva y reconocida promotora del cuidado y acompañamiento del desarrollo infantil, fallecida en ese año.

Participamos como expertos en la mesa de consenso y validación del *Instrumento de Observación del Desarrollo Infantil*, del Ministerio de Salud de la Nación, Dirección Nacional de Maternidad e Infancia, en el año 2015.

Ese mismo año 2015, organizamos el 1er Congreso Iberoamericano de Primera Infancia/4to Congreso Regional de WAIMH: Infancias Hoy: Responsabilidades, Riesgos y Desafíos – Clínica, Investigación y Políticas Públicas en Primera Infancia, contando con la presencia de cien conferencistas y expositores, y más de cuatrocientos inscriptos pensando juntos durante tres días en el cuidado de las primeras infancias y sus cuidadores. Este congreso nos permitió continuar y complejizar la red de intercambio entre profesionales expertos de la región y de otros países. Contamos en esa oportunidad con la valiosa presencia de los dos autores de este libro: Marie Rose Moro y Bernard Golse.

Junto a ellos y tantos otros agentes del campo de la salud, de la educación, de la justicia, del ámbito comunitario-social, e incluso de la economía y de la cultura, estamos convencidos que "invertir en la primera infancia es fundamental, indispensable, imprescindible para lograr una sociedad más justa y menos violenta".[3]

En nuestra búsqueda por tejer redes que nos permitan profundizar en la temática de las primeras infancias, realizamos actividades con otras organizaciones diversas:

- Junto a la Asociación Psicoanalítica Argentina (APA) y la facultad de Psicología de la Universidad de Buenos Aires, organizamos y coordinamos la actividad mensual: "Consultas difíciles en temprana infancia", espacio de encuentro interdisciplinario a modo de ateneo sobre la clínica del sufrimiento de niños y sus padres.
- Durante el año 2010 participamos junto con la Fundación OSDE en la organización del programa "El arte de cuidar niños" que se realizó en los Municipios de Tigre y de Quilmes, en la provincia de Buenos Aires.
- En el año 2016, invitados por la Secretaría de Prevención y Salud Mental del Municipio de la ciudad de Tres Arroyos, provincia de Buenos Aires, participamos en la formación y capacitación sobre el Desarrollo Infantil Temprano.
- En el año 2018 participamos del modelo piloto de acompañamiento de prematuros externados de los servicios de neonatología, vinculado al programa "Al fin en casa", del Ministerio de Salud de la provincia de Buenos Aires.
- En el mismo año –2018– llevamos adelante una capacitación anual comunitaria: "Diálogos interdisciplinarios sobre el desarrollo infantil temprano" y en el actual 2019 estamos desarrollando un programa de talleres: "Nuevos desafíos y tensiones en los cuidados tempranos. Impacto de la tecnología en los niños y niñas en un mundo digital", dentro del marco

---

3. Parafraseando a Bernard Golse, en "Bordando condiciones de más dignidad", entrevista a Salvador Celia, por Gorodisch, R. (2004), *Vertex*, XV, 54, Polemos.

del Programa Primeros 1000 días de la MUNICIPALIDAD DE MERCEDES (provincia de Buenos Aires).
- Fuimos invitados a dictar un módulo específico de cuatro clases sobre actualización en desarrollo infantil temprano, en el marco del curso anual organizado por los Servicios de Salud Mental y el Departamento de Niño Sano del HOSPITAL DE NIÑOS RICARDO GUTIÉRREZ, de la Ciudad Autónoma de Buenos Aires (2018).

Como parte de nuestros programas institucionales, organizamos el "Programa de Actualización Interdisciplinario en Primera Infancia", curso anual que se propone la profundización acerca del desarrollo, crianza, educación y salud de los primeros cinco años de vida, en el que –desde una perspectiva interdisciplinaria y transdisciplinaria– se abordan distintas dimensiones conceptuales y prácticas profesionales ligados a los vínculos, la comunicación y el juego. El programa, que se desarrolla en doce módulos, cuenta con la participación de docentes especializados en las diversas temáticas consideradas en los contenidos de la formación. Esta actividad, como muchas otras de SAPI, fueron realizadas en la Fundación Kaleidos.[4]

Desarrollamos diversos cursos virtuales de formación y actualización en primeras infancias sobre juego, diagnósticos, seguimiento de niños nacidos prematuros, con el fin de ampliar nuestra transmisión de conocimientos y el intercambio con profesionales de diferentes disciplinas y zonas geográficas de nuestro país y el extranjero.

Convencidos de la importancia del juego en la primera infancia y el deseo de cuidar ese espacio lúdico indispensable para todos los niños y niñas, empezamos en 2019 un "Taller de Juego", para materializar en objetos, juegos y propuestas lúdicas, conocimientos sobre el desarrollo infantil desde una perspectiva intersubjetiva e interdisciplinaria.

---

4. Nuestro más profundo agradecimiento a Fundación Kaleidos, donde SAPI tuvo su sede hasta el año 2017 y nos brindó un espacio que facilitó nuestros primeros pasos y nos fortaleció como Sociedad.

Como parte de la perspectiva federal ampliada al territorio nacional, desarrollamos en varias ciudades capacitaciones dirigidas a quienes se ocupan de atender, cuidar, tratar, educar y acompañar a los niños pequeños, incursionando así en otros ámbitos por fuera del estrictamente profesional o terapéutico.

Aunque hemos recopilado aquí algo de nuestra historia, constantemente convocamos y somos convocados por diversas organizaciones gubernamentales y no gubernamentales, para aportar en temas que competen a las primeras infancias, participando en diversas instancias científicas y ámbitos de discusión. Nuestra Misión se refuerza en cada espacio en donde el mensaje de cuidado a las infancias está presente.

La obra escrita y nuestro lazo con los autores de este libro

En esta breve historización, a partir de las principales tareas, proyectos y actividades que venimos desarrollando en nuestros once años de existencia formal, nos enorgullece plasmar a través de esta publicación algo de lo que nos motiva, nos mueve, nos sostiene y nos impulsa.

Marie Rose Moro y Bernard Golse son dos profesionales especialmente significativos para nosotros como institución, no sólo por la excelencia de sus aportes reconocidos internacionalmente, sino también por la generosidad y constancia con la que nos han acompañado en estos años. Han participado en nuestras jornadas y congresos, han dictado clases magistrales y seminarios, y nos han acercado sus producciones teóricas y clínicas.

Nos es muy grato presentar este libro que brinda la oportunidad de conocer en lengua española una pequeña parte de la vasta obra de autores de la jerarquía, la experiencia y el compromiso con las infancias como lo son Marie Rose Moro y Bernard Golse.

Se trata de la compilación de una serie de textos cortos de los autores, que nos permiten el recorrido de diferentes temas ligados a la creación de vínculos entre los cuidadores primarios y sus hijos, en el seno de una familia y una sociedad. Los mismos nos invitan a reflexionar e interrogarnos acerca de cuestiones ligadas a la filiación, afiliación, la alteridad, la adopción, la diversidad cultural y la clínica transcultural.

Nos dicen los autores:

> ...la historia se co-construye entre niños y adultos. Es el fruto de una co-escritura activa. Y queremos insistir sobre este punto en la medida en que la narratividad es fundamentalmente producto de las interacciones tempranas. La historia es, ya lo sabemos, el blanco de todas las dictaduras, porque privar a los seres de su historia es posiblemente la esencia misma de la violencia. Esto es muy importante para todos los que se ocupan de bebés (y no sólo ellos) y cada vez que nuestros modelos psicológicos o psicopatológicos olvidan la historia, corremos el riesgo de una violencia teórica reductora y dañina (...) En este sentido decimos que el encuentro entre el adulto y el bebé es un espacio de narración. Los bebés no solamente necesitan (¡y mucho!) que les cuenten historias, ellos necesita poco a poco aprender a contar y a contarse a sí mismos su propia historia.

Este libro constituye una contribución para todos aquellos profesionales y agentes de la comunidad que trabajan en el área de la primera infancia, un incentivo para abrir nuevas instancias de reflexión e investigación, ayudando a comprender y mitigar el padecimiento de los niños pequeños y sus familias en la sociedad actual. En palabras de Marie Rose Moro:

> Podemos afirmar hoy en día que la banalización de los traumas en los niños pequeños es un prejuicio, un contrasentido, un error. Cuanto más pequeño, mayor es la dependencia del niño respecto a sus padres, y los hechos traumáticos, individuales y colectivos, provocarán más efectos ontológicos y dejarán huellas más profundas en su interior, en sus procesos de desarrollo y en su futuro como adulto.[5]

---

5. MORO, M.R., ASENSI, H. & FELDMAN, M. (eds.) (2014), "Devenir des traumas d'enfance", en: *Souvenirs et réflexions pour penser l'adoption jusqu'au 70ème anniversaire d'EFA*. Actes du Congrès organisé pour le 60ème anniversaire d'EFA (19 octobre 2013). Publications de l'association "Enfance & Familles d'Adoption", Paris.

Agradecemos la traducción de los artículos que forman parte de este libro a Marcelle Missio, Ana Lía Ruiz y Nora Woscoboinik, y la revisión de los mismos a la Lic. Pola Roitman.

— 1 —
La clínica transcultural:
epistemología y técnica

Marie Rose Moro

Pensar

Un punto es aceptado por todos: "No hay hombre sin cultura". Roheim había señalado en 1943: "(...) *la cultura significa humanidad,* incluso para las manifestaciones más elementales de la existencia humana (...) que pueden ser consideradas como los inicios de la cultura" (p. 31). La idea de un hombre en un estado de naturaleza, de un hombre universal que existe fuera de toda cultura corresponde a una hipótesis ahora refutada.

La cultura del interior

La filosofía define generalmente la cultura como un corte racional para entender el mundo. Cada cultura define categorías que leen el mundo y dan sentido a los acontecimientos. Estas categorías arbitrarias, en la medida en que varían de una cultura a otra (la realidad/irrealidad; humano/no humano, el mismo/otro...) pueden ser considerados como patrones culturales que se transmiten implícitamente. Auto representarse es "tallar en lo real" es la elección de categorías comunes para percibir el mundo de una manera ordenada. Estos mundos compartidos funden la pertinencia de representaciones sociales de relevancia basados en un grupo determinado.

Por lo tanto, un sistema cultural se compone de un lenguaje, un sistema de parentesco, un corpus de técnicas y formas de hacer, vestimentas, cocina, artes, técnicas de cuidado, técnicas maternales... todos estos elementos dispares están estructurados de una manera consistente por las representaciones. Estas representaciones culturales son las interfaces entre el interior y el exterior, son el resultado de la apropiación por parte de los individuos del origen de sistemas culturales de pensamiento. Ellas permiten la experiencia subjetiva. El sujeto incorpora sus representaciones y las vuelve a trabajar a partir de su propio movimiento, sus conflictos internos y rasgos de personalidad. ¿Cuál es entonces la cultura desde la perspectiva del sujeto mismo?

La cultura permite una codificación de la experiencia de un individuo, ella permite anticipar la dirección de lo que puede suceder y por lo tanto el control de la violencia de lo inesperado, y en consecuencia del sin sentido. La cultura busca poner a disposición del sujeto una forma de interpretar el mundo. Esta codificación es un proceso complejo compuesto de ingredientes complejos, de inferencias ontológicas (la naturaleza de los seres y las cosas), pero también inferencias causales para dar sentido a un evento enumerado (¿Por qué? ¿Por qué yo? ¿Por qué yo en este preciso momento...?) (Sindzingre, 1989).

En el interior de estos sistemas culturales de extraordinaria complejidad y siempre en movimiento, tenemos que identificar algunos de los elementos eficientes para entender y sanar el sufrimiento mental en situaciones transculturales.

El enigma de la enfermedad

Enfermar uno mismo, tener problemas con su hijo, perder a las personas próximas... no es sólo el signo de un gran desorden y de un gran sufrimiento, sino también un gran escándalo que se intenta apaciguar mediante la búsqueda de posibles significados, incluso si son transitorios. Todas las sociedades tratan de pensar insensatamente –de acuerdo con la hermosa expresión de Zempléni (1985)– para definir las teorías etiológicas, es decir, las teorías culturales sobre las que se basa para sobrevivir al dolor y al sin sentido. Se evocará a seres culturales: dioses, espíritus del agua, aguas estancadas o tierra (posesión); procesos técnicos, brujería, intervenciones mágicas...; transgredir los tabúes o las prohibiciones; la intervención de los antepasados, el regreso de los muertos...

Estas declaraciones son un primer proceso antes de ser contenido. Se componen de un cuerpo organizado de hipótesis que no pertenecen propiamente a la persona, pero que ella los apropia en parte, en algún momento de su vida cuando lo necesita. Estos supuestos se ponen a disposición del grupo y se transmiten en diversas formas: por la experiencia, por la historia, por los enunciados no lingüísticos (como los rituales), por las técnicas del cuerpo, o las del cuidado... Son los mecanismos de producción de sentido. una sanción individual y por lo tanto muy variable de una a otra y muy cambiante en el tiempo. Las teorías etiológicas son "formas vacías" suficientemente generales e implícitas para que sean relevantes para todos los individuos del mismo grupo cultural (Ibíd., p. 21).

El ser, el sentido y el hacer

Toda teoría causal establecida implica *ipso facto* una técnica de cuidados especiales. Aquí, si uno está poseído por un espíritu, entonces tenemos que negociar con él la realización de un ritual de posesión; allí, si se escandalizaban los antepasados, era imprescindible solucionar ese acto por el sacrificio... El par eficiente consiste en la teoría etiológica asociada a la técnica terapéutica correspondiente. Por lo que cualquier teoría etiológica contiene, en sí misma, una forma, una palabra y una escritura. A continuación, se comprende la función dinámica de las teorías etiológicas para revelar que la causa última del mal, que "imponen", es un "procedimiento" (Nathan y Moro, 1989). La eficiencia está en el procedimiento y sus consecuencias para el grupo y el individuo, no en el contenido de la declaración misma.

Se ha demostrado que los tres niveles deben explorarse, en especial para la co-construcción de un marco cultural relevante (Moro, 2008):

- El *nivel ontológico*: ¿qué es la representación de la naturaleza del ser, su origen, su identidad, su función?... ¿Qué es un niño? ¿Qué necesita? ¿Qué es una madre? ¿Qué es un padre?
- El *nivel etiológico*, es decir: lo que significa dar sentido al trastorno que tiene? ¿Cómo tratar de responder a las preguntas acerca de la enfermedad? ¿Cómo pensar en las consecuencias de este desastre? ¿Por qué estoy enfermo? ¿Por qué mi bebé no crece bien?
- La *lógica terapéutica*: ¿Cuál es la lógica de la acción para atenderle? ¿Cómo cambiar el orden de los mundos después de la confusión de desorden?... ¿Deben pasar las lógicas por la transformación de la cura?...

Así, por ejemplo, antes de un *ataque de brujas* (teoría etiológica cultural que puede dar sentido a un trastorno mental), la lógica etiológica es la de la apropiación de un ser en formación, en pasaje (teoría ontológica) y aquella de la vulnerabilidad del ser en el momento de la vida –vulnerabilidad a esa violencia que le ha hecho. La lógica terapéutica correspondiente es la de la gestión de conflictos (violencia, agresión, sexualidad, celos...) y la protección del ser (por objetos, reuniones familiares...). Estos tres niveles (ser, sentir y hacer) participan en la construcción del pensamiento para un individuo determinado en un momento dado de su historia.

La cultura se convierte así en un conjunto dinámico de representaciones móviles en transformaciones continuas que encajan unas en las otras; un sistema abierto y coherente con la que el sujeto está en constante interacción. En esta dimensión de la filiación cultural, ha de añadirse la dinámica del evento migratorio, sus posibles consecuencias traumáticas para el individuo y siempre la aculturación secundaria a esta migración.

La migración como separación

El evento de migración se considera aquí como un acto psíquico: rompiendo el marco exterior que implica, la migración provoca una ruptura de la estructura cultural interiorizada del paciente (Nathan, 1986). La migración, de hecho, es ante todo un evento sociológico participante de un contexto histórico y político.

Las razones por las que migra son numerosas. A veces nos vemos obligados a hacerlo por razones políticas, a veces por razones económicas. A veces elegimos migrar en busca de una vida digna en otro lugar. A veces, sin embargo, se migra por la sed de libertad, aventura y exotismo. Se comprende que la vivencia de la migración en sí puede ser matizada por las circunstancias que dieron lugar a este viaje. Los refugiados políticos que a veces fueron víctimas de torturas, o cualquier nivel de violencia en su país, tienen un pasado traumático previo a la migración que va a cambiar su forma al vivir en el exilio. Pero, ya sea buscada o no, cualquier migración es un acto de valor de la vida del individuo y conduce a cambios en toda la familia y la historia individual. Además, mil veces se escuchan historias de migraciones que nos recuerdan los motivos del viaje, incluso elegido. Son ambivalentes en el deseo y el miedo de dejar a los suyos, de salir de su propio país, la resolución de conflictos familiares y la culminación de una trayectoria de ruptura o de aculturación dentro de su propio país... la migración es su grandeza existencial, un proceso complejo que no puede ser reducido a categorías de azar o de necesidad.

Sin embargo, cualquiera que sean las motivaciones de este acto, la migración es a menudo traumática. El traumatismo de la migración no es constante e inevitable, sin embargo puede ocurrir independientemente de la personalidad previa del migrante. Los factores sociales adversos (el país) son factores agravantes como las condiciones de recepción. A veces no se expresa más que en una secuela. Por otra parte, incluso cuando se produce el trauma, no necesariamente implica efectos patógenos. A veces es como cualquier trauma estructurante y lleva a una nueva dinámica para el individuo a un germen o metamorfosis, fuente de creatividad. La migración también puede ser portadora del potencial creativo. De ahí la necesidad de identificar los factores que controlan el riesgo transcultural. La hospitalidad o el rechazo, la discriminación o el racismo, hacen todavía más frágil la inscripción en el mundo que dice: hogar.

El exilio, una triste felicidad

Los padres viven en el exilio, de diferentes maneras en función de la alquimia, la brutalidad y las necesidades que llevaron a este viaje. Hay mil y una maneras para separar de su familia y sus primeras filiaciones al llegar al país de destino. El viaje les compromete por mucho tiempo, lo sepan o lo muestren. Pero sobre todo, este acto ha comprometido a sus descendientes, aquellos que nacerán en otro sitio, sea dulce, amargo, tranquilo o doloroso. Así, Spinoza en su *Tratado de pasiones pesimistas* habla de exilio como una triste felicidad. Un hombre, una mujer, deciden actuar en el mundo y construir su destino saliendo de su país.

¿Cómo estos elementos culturales y la migración afectan a nuestra clínica y las formas de hacer con los migrantes en el país de acogida cuando las cosas son buenas, pero sobre todo cuando la enfermedad afecta a un miembro o cuando el duelo o los conflictos surgen entre los miembros de la familia?

Repensar el hacer

Para poder integrar de la misma manera a la clínica como a la antropología y al psicoanálisis, ha sido necesario acudir a métodos que permitan pensar y operacionalizar las interacciones entre los diferentes niveles: colectivo, intersubjetivo e intrapsíquico.

Complementariedad, descentramiento y universalidad psíquica

Es inútil integrar a la fuerza en el campo del psicoanálisis o en el de la antropología algunos fenómenos humanos. La especificidad de estos datos reside justamente en el hecho de que necesitan un doble discurso que no tiene porqué ser simultáneo (Devereux, 1985, p. 14). Esta práctica se apoya en un segundo principio, el de descentramiento. La complementariedad implica como mínimo una doble lectura de cada historia y contribuye a este descentramiento. La unicidad conduce a uno mismo, y por lo tanto, al «yo». Mientras que la pluralidad lleva a la multiplicidad de referencias y así a la distancia. Es esta diferencia la que permite el descentramiento. Complementariedad y descentramiento son componentes esenciales de la clínica plural y de la clínica del futuro. Para poder llevarse a cabo, debe basarse en una sólida identidad profesional y sobre una serie de principios, especialmente el de la universalidad psíquica.

Sobre el plano teórico, en efecto, es un postulado sin el cual el etnopsicoanálisis no habría podido construirse, es el de la universalidad psíquica, es decir, la unidad fundamental de la psique humana (*ibid.*). A partir de esta premisa surge la necesidad de dar el mismo estatus ético y científico a todos los seres humanos, a sus producciones culturales y psíquicas, a sus maneras de vivir y de pensar, por diferentes y a veces desconcertantes que sean... Afirmar este principio puede parecer obvio, sin embargo los resultados de numerosas investigaciones científicas recuerdan que este principio es habitualmente olvidado. Del mismo modo, la exclusión que se ha realizado de algunos migrantes de los dispositivos psicoterapéuticos debe también llevarnos a reflexionar sobre este hecho. Otra característica universal humana bien entendida es el hecho de que toda persona tiene una cultura y que ésta puede ser la que crea su humanidad y su universalidad (Nathan, 1986). Trabajando en particular, sin especular en un universal, no inmediatamente cognoscible, pero demasiado a menudo sin ver al individuo, éste es uno de los enfoques del etnopsicoanálisis. Lo Universal es un punto hacia el cual se tiende, aunque el conocimiento en las ciencias sociales no está seguro de haber encontrado. Pero se pregunta acerca de la forma de lograrlo: complementariedad y descentramiento son aquí dos posiciones que parecen capaces de ayudarnos.

Sobre este principio del complementariedad se construyó primeramente la teoría (Devereux, 1985), y posteriormente la técnica con sus múltiples variantes y a veces controversias (Nathan, Moro, en Francia, Von overbeck en Suiza, Pierre en Bélgica o Rousseau en Canadá...). La técnica, necesariamente también complementarista, está siempre en construcción. A pesar de algunos parámetros bien establecidos: la importancia de la lengua materna del paciente y sobre todo la posibilidad de pasar de una lengua a la otra (de la materna a la del país receptor), la necesidad de partir de las representaciones culturales del paciente y la necesidad de un grupo de terapeutas en determinadas situaciones...

A continuación se analizan algunos de los parámetros importantes del dispositivo, llamado transcultural, un dispositivo variable, que propone seguimiento individual y en grupo de co-terapeutas cuando es necesario (Moro, 2008).

Un dispositivo mestizo y cosmopolita

El dispositivo de Avicenne en Bobigny, en la periferia norte de París, es una consulta que se puso en marcha para los hijos de migrantes y para sus padres en 1985[1], y que recientemente se ha puesto en marcha también en la *Maison des adolescents* de Cochin[2] desde 2008.

En esta consulta, trabajo con un equipo de coterapeutas (médicos/as y psicólogos/as pero también enfermeros/as, trabajadores/as sociales...), de orígenes culturales y lingüísticos múltiples. Todos formados en clínica y la mayoría en psicoanálisis, con conocimientos de antropología, lingüística o historia. Cada coterapeuta desarrolla un especialización diferente y todos se han formado en la clínica transcultural. Todas las semanas trabajan en individual y en grupo de terapeutas. Que una persona sea migrante no es ni condición necesaria ni suficiente para hacer etnopsicoanálisis. Lo que importa es haber realizado la experiencia de descentralización y de familiarizarse con algunos sistemas culturales. El grupo permite que las experiencias de unos/as y otros/as se potencien. Es el aprendizaje y la práctica íntima de la alteridad y del mestizaje lo que se busca y no las particularidades de cada persona: un paciente árabe no será recibido por una o un terapeuta árabe... El dispositivo propuesto es por naturaleza mestizo y se guía por la noción de la alteridad.

Se reciben pacientes de todos los países. Algunas personas vienen del África negra, otras del Magreb, otras de Asia, el Caribe, Turquía, Sri Lanka, Europa central...

El cuidado de manera plural

Se recibe a la mayoría de las y los niños y sus familias de manera individual, con la ayuda de un traductor si fuera necesario y, en algunos casos, se trabaja con la ayuda de un grupo de coterapeutas. Aunque este dispositivo grupal se utiliza solamente en una minoría de casos, se va a describir detalladamente por

---

1. Ver: <www.clinique-transculturelle.org>.
2. Ver: <www.maisondesolenn.fr>.

ser el más específico; es también el que ha permitido experimentar con nuevos enfoques; es, en definitiva, el que genera más interrogantes en la medida en que se trata del dispositivo más alejado de la práctica habitual.

Este dispositivo consiste en un grupo de terapeutas que recibe al paciente y a su familia (por lo general 12 co-terapeutas). En las sociedades tradicionales se considera al individuo en constante interacción con su grupo. De ahí la importancia de un grupo en las situaciones de cuidado. Además, la enfermedad se considera como una situación que no se refiere únicamente al paciente individual, sino también a su familia y a su grupo. Por lo tanto, se trata a la persona de una forma grupal: ya sea por el grupo social o por una comunidad terapéutica. El tratamiento colectivo de la enfermedad permite un compromiso entre la etiología colectiva y familiar de la enfermedad y una etiología individual.

Los médicos que derivan a la familia a este dispositivo, en la medida en que son portadores de un "pedazo de historia familiar", por lo general participan en esta consulta, al menos la primera vez. Esta presencia activa impide que la gestión de la carga transcultural sea una nueva ruptura en el largo y a menudo caótico camino de estas familias, que con frecuencia tienen un extenso trayecto terapéutico anterior.

Además de estas funciones –modalidad cultural del intercambio y de la atención, co-construcción de un sentido cultural apoyando al paciente–, el grupo permite la materialización de la alteridad (cada terapeuta es de diferente origen cultural) y una transformación de esta alteridad en herramienta terapéutica, tal y como propone Devereux (1972). Es decir, el grupo como apoyo para la elaboración psíquica. La mezcla de hombres y mujeres, de teorías, de maneras de trabajar y de hacer las cosas es un factor implícito del dispositivo.

Igualmente, cualquiera que sea el síntoma por el cual se realiza la consulta, independientemente de la edad del paciente, bebé, niño, adolescente, adulto, la familia está invitada a asistir con el paciente, y el entorno se vuelve a menudo portador de una parte del significado.

El viaje de las lenguas maternas

Para explorar los procesos con precisión, en su propia complejidad y riqueza, la lengua materna del paciente está necesariamente presente en la consulta, si se desea. El paciente tiene la oportunidad de hablar en su lengua materna y, en este caso, un co-terapeuta conocedor de su lengua o un intérprete le traducen. Cabe destacar que si el proceso parece eficaz es por la capacidad de cambiar de un idioma a otro y no volver, a veces artificialmente, a una lengua nativa "fosilizada". De acuerdo con sus deseos, sus posibilidades y la naturaleza de la narrativa que la persona construye, utiliza esta oportunidad de hablar o no su lengua materna. Una vez más se busca el vínculo entre los idiomas.

Dada la importancia de la traducción, hemos llevado a cabo estudios sobre el régimen de traducción en situación clínica. El primero de ellos, realizado en colaboración con el lingüista S. de Pury Toumi, consistió en traducir de nuevo, fuera de la situación terapéutica, el discurso articulado por el paciente por un segundo traductor que revisa la cinta de la consulta, la cual fue grabada y traducida de nuevo en condiciones muy diferentes a la situación clínica. Se tiene mucho más tiempo que en la situación natural, ya que se puede detener cuando se quiere, volver hacia atrás, utilizar ayuda pero, sobre todo no se está incluido en la relación terapéutica, que cambia completamente su posición (Moro y Pury Toumi, 1994). Esta re-traducción fue comparada con las dos versiones y puso de manifiesto el hecho de que había muchas diferencias entre la traducción en vivo y la posterior, pero a pesar de estas diferencias, la sensación general era que el discurso estaba bien compartido por la tríada paciente-traductor-terapeuta. Estos últimos datos contradicen, hay que decirlo alto y claro, la idea que se oye a menudo de que no se puede hacer terapia con un traductor. Ciertamente, es complejo, pero es cómodo para trabajar con un traductor –puesto que mientras traduce, piensa o sueña...

Más allá de esta conclusión general, el estudio también pone de relieve la importancia de varios procesos que han cambiado la forma de trabajar en una entrevista bilingüe. Entrevistamos al traductor de la situación clínica que le llevó a estas diferencias, lo que permitió una mejor comprensión de la parte del traductor del dispositivo y sus mecanismos de elección y la toma de decisiones en el momento de la entrevista.

Por lo tanto, "el conocimiento cultural compartido" permite expresar por insinuaciones e implícitos lo que es esencial a la hora de abordar temas difíciles –la sexualidad, las relaciones íntimas entre hombres y mujeres, entre los padres y los niños, por que también en Francia, todo esto se relaciona con lo sagrado...

Esto es, ante todo, toma de consciencia del hecho de que trabajamos en un discurso traducido y no comunicado (paciente/terapeuta/paciente) y, por lo tanto, un discurso difundido a través del traductor, lo que implica integrar correctamente al traductor en el dispositivo terapéutico para formar la situación clínica transcultural.

Por último, este estudio ha puesto de relieve la importancia de los terapeutas, las asociaciones relacionadas con la materialidad del lenguaje establecido por el paciente, incluso cuando no se entiende. Este baño lingüístico provoca imágenes y asociaciones vinculadas con el mismo efecto de las palabras, los ritmos, los sonidos... La interacción es con la dirección, sino también el lenguaje en sí mismo y el universo que transporta.

La traducción no es simplemente una interpretación, pues participa en el proceso interactivo de la psicoterapia en situación transcultural.

El terapeuta también es un ser cultural: la contra-transferencia cultural

En un dispositivo de este tipo, es necesario establecer, además de los mecanismos de análisis de la transferencia y la contra transferencia "emocional", una modalidad específica de análisis de contra-transferencia vinculada a la dimensión cultural. Otra razón por la cual este tipo de consulta se lleva a cabo en un grupo, es la forma más eficaz para analizar esta contra-transferencia cultural (Moro, Nathan, 1989). En concreto, al final de cada entrevista, el grupo se esfuerza en explicar las contra-transferencias de cada uno de los terapeutas con una discusión de los afectos experimentado por cada uno, de los implícitos, de las teorías...

que los llevaron a creer tal cosa (inferencias), para realizar un acto (intervenciones).

Como sabemos, hacer operacional la dinámica de la transferencia y la contra-transferencia ha sido la verdadera revolución traída por Freud. Después, la elaboración del modelo clásico de la cura, la palabra del sujeto se plantea como un acto de la terapia, el apoyo de enlace entre el psicoanalista y el paciente, es decir la transferencia (Freud, 1910). En consecuencia, la transferencia es el proceso por el cual los deseos inconscientes del paciente se actualizan como parte de la relación psicoanalítica. Devereux (1967) amplió esta definición para aplicarla al conjunto de los fenómenos que ocurren en la situación clínica e investigación en ciencias humanas. La transferencia se convierte en la suma de reacciones implícitas y explícitas que el sujeto desarrolla en relación con el médico o el investigador.

Por el contrario, la contra-transferencia del investigador es la suma de todas las reacciones del clínico explícitas e implícitas en relación a su paciente o a su objeto de investigación. En la contra-transferencia hay, como en la transferencia, una dimensión emocional y cultural. La contra-transferencia cultural se refiere a la forma en que el terapeuta se posiciona respecto a la alteridad del paciente, en relación a sus formas de hacer, de pensar la enfermedad, en relación a todo lo que hace el ser cultural del paciente. Tal hombre soninké tiene insomnio... cuando finalmente se duerme tiene sueños funestos. Consultó a un sanador soninké en París que le dijo que había sido atacado por un espíritu, un genio, un ancestro insatisfecho. El sanador, el sabio que sabe cómo interpretar el sueño, le pidió que hiciera un sacrificio. ¿Cuál es mi posición interior en una historia así? Desde esta posición contra-transferencial dará lugar mi respuesta al paciente. Ella va a condicionar mi capacidad para entrar en relación terapéutica con él. Se trata entonces de definir el estatus epistemológico que atribuyo a este tipo de material. Así que, sobre todo, se trata de mi posición interior con respecto a todas estas declaraciones y hacer codificados por la cultura del paciente. La transferencia y contra-transferencia cultural están atravesados por la historia, la política, la geografía... tanto los pacientes como el terapeuta tienen su pertenencia, membresías, y están inscritos en las historias colectivas que impregnan sus reacciones y de las que deben ser conscientes. Sin analizar esta transferencia contra-cultural, tenemos el riesgo de pasar al acto agresivo, emocional, racista... Por lo tanto, una terapeuta mujer que no puede interactuar con un hombre del Magreb entra en conflicto de inmediato –es la imagen de la mujer la que está en juego en esta relación espacio-cultural que él le ha asignado, o también, de una niña de familia del norte de África, que convence al asistente social del lugar respecto a la emergencia en su casa porque su padre le impide maquillarse. Y la asistente social consultada por esta cuestión dirá de buena fe: "Ellos comienzan con esto y no se sabe dónde paran. Si ella es reenviada a Argelia, entonces ¡será demasiado tarde!". Descentrar y analizar la contra-transferencia cultural es sin duda uno de los dos mecanismos más difíciles de adquirir en esta práctica cultural, pero también de los más valiosos.

Modificar el tiempo

Otro factor que se cambia en este dispositivo es la temporalidad: las consultas duran alrededor de dos horas, tiempo que parece necesario para que una historia se desarrolle en primera persona dada la representación tradicional del tiempo, del encuentro y del recorrido terapéutico.

Del mismo modo, en general, se hacen consultas terapéuticas en forma de terapias breves inferiores a seis meses, con periodicidad de una sesión al mes o cada dos meses. Mucho más raramente, en este contexto grupal se realizan terapias largas. Sin embargo, las terapias más largas pueden tener lugar de forma individual con un co-terapeuta si es necesario. Después de algunas consultas en grupo, que pueden proporcionar un marco cultural al sufrimiento de la familia, se inicia el proceso. A veces se llevan a cabo por un miembro del equipo que la acompaña en la terapia de grupo.

Eficacia terapéutica-investigación

Los trabajos actuales en etnopsicoanálisis muestran una buena adaptación de esta técnica a la clínica de los migrantes: se obtienen resultados terapéuticos profundos y duraderos (Moro, 2010). La existencia de un dispositivo terapéutico complejo que se adapta a todas las situaciones, el descentramiento cultural que obligó a suspender un diagnóstico a menudo demasiado rápido cuando se hace a partir de nuestras categorías occidentales –la confusión entre el material cultural, el hechizo encantamiento y el delirio no afectan a la percepción de la melancolía en un discurso cultural centrado en la brujería...– y el uso de la herramienta complementaria condujeron a una multiplicidad de hipótesis etiológicas que es, sin duda, un factor eficiente de este dispositivo. Se ha demostrado, de hecho, que en el actual trabajo sobre evaluación de las psicoterapias la capacidad del terapeuta para modificar sus hipótesis diagnósticas es un factor general de eficiencia, sea cual sea la técnica (*ibíd.*).

Por nuestra parte, hemos llevado a cabo varios estudios sobre la eficacia de las técnicas etno-psicoanalíticas con terapias para madres-bebé en posición transcultural (Moro Moro 1994, 2008, 2010), para los niños en edad escolar y adolescentes y para hijos de los migrantes (Moro, 1998; Deplaen, Moro *et al.*, 1999). Los parámetros fueron los que ya se encuentran expuestos en estudios anteriores, y que pusieron de relieve la necesidad de elaboración de la alteridad cultural, la co-construcción de sentido con la familia, el impacto de la exploración ontológica, etiológica y los niveles terapéuticos para cada situación en la calidad de la historia. La importancia de la declaración de una narrativa singular contextualizada en los mecanismos del cambio, la necesidad de trabajar en producciones imaginarias hasta la fecha en la relación terapéutica para reconstruir esta transmisión padres e hijos y el valor de trabajar en la conflictividad interna de los niños sujetos a un grado de disociación entre la filiación y la afiliación. Por lo tanto, esta técnica implica factores psicoterapéuticos comunes a cualquier psicoterapia, como el establecimiento de un marco, la construcción de una historia... y también factores específicos relacionados con la naturaleza de la técnica.

Los datos de esta investigación clínica conducen al eclecticismo dentro de la consulta, sabiendo que el último paso será la construcción de vínculos entre el sentido de supuestos y, sobre todo, la capacidad del paciente para construir su propia historia basada en estas representaciones plurales. Por lo tanto, según mi parecer, este dispositivo de tratamiento que integra la dimensión psicológica y cultural de toda la disfunción humana no es en sentido estricto un dispositivo específico. Sería más exacto decir que se trata de un marco complejo y mixto psicoterapéutico que permite el descentramiento de los terapeutas teniendo así en cuenta la alteridad cultural de los pacientes inmigrantes, aunque en realidad es interesante para todos (sean migrantes o no, mestizos o no).

Lejos de ser obstáculo, el lenguaje de los pacientes, sus escenarios culturales, la lógica cultural que les impregna, se convierten en elementos del marco terapéutico y fuentes de creatividad, tanto para los terapeutas como para los pacientes.

¿Qué propone un enfoque transcultural?

¿Cuándo podemos creer que es necesaria una psicoterapia que integre la dimensión cultural? Esquemáticamente, se proponen dos tipos de indicaciones para las personas de cualquier edad o familias y si los pacientes que emigraron lo hicieron por decisión propia o si se trata de los hijos o nietos de inmigrantes.

Un primer abordaje es el que se puede ofrecer desde la psicoterapia para los pacientes cuyos síntomas aparecen como una consecuencia directa de la migración a corto, medio o largo plazo; para los pacientes con una sintomatología culturalmente codificada se propone una teoría etiológica cultural, como la brujería, o la posesión... O cuando el propio síntoma se codifica directamente en su forma misma: trance, la comunicación con los seres culturales... Finalmente, los pacientes requieren explícitamente estas excentricidades culturales: se refieren a la necesidad de ir a través de su lengua, para hacer frente a "cosas del país"... Estas indicaciones se aplican también a la primera y segunda generación, siempre que los parámetros citados existan.

En todas estas indicaciones, el dispositivo transcultural es susceptible de funcionar como una verdadera máquina de hacer vínculos entre el universo (aquí y allá) y los hijos de los migrantes, o entre el mundo de los padres y el del exterior.

El segundo abordaje es el más común en nuestra consulta y es cuando el paciente ya ha recibido otro tipo de apoyo en un entorno clásico. Se propone entonces un dispositivo transcultural a los pacientes que deambulan de un sistema occidental de la atención sanitaria (médicos, psiquiatras, psicoterapeutas...) a un sistema tradicional (curanderos de consulta en su país y aquí) sin ser capaces de enlazar vínculos y sin ningún desencadenante que permita un trabajo real de desarrollo y de transformación de la situación. Se ofrecerá también a los migrantes errantes curas a menudo caóticas siendo excluidos de cualquier punto de atención. Por último, a todos aquellos pacientes que dicen que no pueden ser comprendidos, se les habla desde la comprensión o, a veces desde la falta de respeto. Ellos suspenden el apoyo y entonces se les niega a la familia o al niño, todo nuevo proyecto de atención.

Por último, al igual que cualquier técnica psicoterapéutica, el etnopsicoanálisis reconoce límites generales –aquellos de toda psicoterapia– y específicos –la no preparación del paciente y su familia para el desarrollo de la alteridad cultural que se discute o reprime–; por lo cual, los pacientes que han hecho una ruptura con su grupo de pertenencia necesitan de una elaboración individual del sufrimiento psicológico. En este caso, se propone el enfoque transcultural en lugar de la terapia individual convencional, sabiendo que el manejo del material cultural no puede hacerse de forma individual, sino que simplemente se le puede informar o aclarar del relato. En la primera consulta se debe negociar el marco y la forma de monitoreo: individualmente, o, en grupos, con una forma particular de hacer las cosas. También se debe acordar su temporalidad: cada semana, cada mes o cada dos meses. Así, la primera consulta se utiliza para definir todos estos elementos que no son naturales y que serán cambiados durante el seguimiento.

Ni mágico ni exótico, una práctica conveniente para todos

Por lo tanto, las representaciones culturales dan una preforma a las representaciones individuales y sirven como canal de semántica para la construcción del relato, que son los verdaderos principios de la narrativa. Los meandros de los deseos del ser humano y sus conflictos alimentan, en este ámbito como en muchos otros, la extraordinaria diversidad humana. El reto sigue siendo, sin embargo, la introducción de este tipo de representaciones culturales en nuestras herramientas de cuidado *profesional*.[3]

Ni mágico, ni "malo", el etnopsicoanálisis como cualquier técnica psicoterapéutica reconoce indicaciones y limitaciones que hace falta precisar lejos de pasiones ideológicas oscurantistas. La clínica transcultural no es una clínica reservada para los expertos o los viajeros. Pertenece a todos los que se toman la molestia de una formación rigurosa y múltiple.

Las condiciones de la subjetividad

Lo planteado hasta aquí es una cuestión importante: se trata de la evolución del marco necesario, incluso fuera del dispositivo etno-psicoanalítico, para algunos pacientes migrantes y sus hijos. Este marco no es esencial para todos los migrantes, pero para algunos la curación no puede tener lugar fuera de dicho encuadre (hace falta evaluar la necesidad). Se pueden citar algunos de estos implícitos culturales no necesariamente compartidos que obligan a veces a reordenamientos incluso en un encuadre no específico: *la relación dual*[4] no será obvia para un paciente de una cultura no-occidental, donde el individuo está pensado desde la constante interacción con sus grupos (familia, comunidad...). Esta *relación dual* es a veces experimentada por el paciente como violenta e intrusiva. En estos casos, hay que reconstruir con él las condiciones de su vida privada, las condiciones de despliegue de su subjetividad. Por tanto, es importante introducir el concepto del grupo pidiendo al paciente que lleve a alguien que elegirá él mismo, para concertar entrevistas con otra persona que siga al paciente (lo cual, por ejemplo, es fácil en una institución).

Del mismo modo, la técnica de la entrevista debe ser pensada: las *preguntas,* todas las preguntas, pero sobre todo las preguntas acerca de la intimidad, en el interior de la casa, en la vida conyugal, en lo privado... pero también cuestiones sobre aspectos cul-

---

3. Añadido en traducción.
4. *Relación dual:* paciente-profesional.

turales dados por sentado por los pacientes como la poligamia, los ritos... todas esas formulaciones interrogativas que presuponen de nuestra parte implícitos (si no, no las preguntaríamos). Todas estas cuestiones a menudo se experimentan como violentas, intrusivas, absurdas, incluso groseras, ya que no respetan las normas culturales del intercambio: el orden de las generaciones, las diferencias de género, lugar respectivo para niños y adultos... Las preguntas son a menudo demasiadas y en vez de hacer cuestionamientos es útil proponer sus propias representaciones para permitir que una narración se desarrolle al ritmo del paciente. Del mismo modo, siempre para favorecer la historia, es importante respetar el orden cultural de la familia: a veces, puede ser difícil acceder a la mujer, o la madre, sin pedir permiso al marido (y ella queriendo ser fiel a su marido, no podrá hablar libremente). Conviene entonces negociar esa autorización para que ella pueda ir y vaya a la consulta, la escuela, o clínica y se exprese a voluntad. Estos ejemplos no deberían colocarse como nuevos grilletes que encadenen a las mujeres, los hombres, las familias migrantes o a sus hijos. Estos elementos básicos deben ser conocidos y entrar en el acuerdo del marco de cualquier trabajo.

Están, por supuesto, otras cuestiones como la introducción de la lengua materna del paciente, o el análisis de nuestra contratransferencia cultural. Todo esto es posible en cualquier momento de la atención terapéutica[5] o las mediaciones (Bouznah y Lewertowski, 2013), o puede llegar a serlo, tan pronto estemos convencidos de su eficacia. Aquí, como en otras partes, el pensamiento precede a la acción.

Experimentar la diferencia

Otros parámetros del marco etnopsicoanalítico pueden ser integrados en lugares no específicos dependiendo de la personalidad del médico clínico, de su facilidad con cualquier elemento, del lugar donde se ejerce... como la modificación de la temporalidad (consultas más largas), la constitución de un pequeño grupo de

---

5. Añadido en traducción.

co-terapeutas, la importancia en las terapias de iniciar la construcción de un sentido cultural que incorpore las hipótesis de los pacientes... Pero para introducir progresivamente estos cambios en nuestro marco de prevención y resolución de conflictos que pueden acontecer hay que explorar su pertinencia y la enorme eficacia a partir de la experiencia de otros o dándonos a nosotros mismos los medios para experimentar.

Bibliografía

BOUZNAH, S.; LEWERTOWSKI, C. (2013), *Quand les esprits viennent aux médecins*. In Press, Paris.

DEVEREUX, G. (1985), *Ethnopsychanalyse complémentariste,* Flammarion, Paris (obra original 1972).

DEVEREUX, G. (1980), *De l'angoisse à la méthode,* Flammarion, Paris (obra original 1967).

DEVEREUX, G. (1970), *Essais d'ethnopsychiatrie générale,* Gallimard, Paris.

FREUD, S. (1970), Perspectives d'avenir de la thérapeutique psychanalytique, *La technique psychanalytique* (trad. fr.), PUF, Paris (obra original 1910).

L'autre, Cliniques, Cultures et Sociétés (2001), La Pensée sauvage, Grenoble <www.revuetransculturelle.org>.

MORO, M.R. (1994), *Parents en exil. Psychopathologie et migrations,* PUF, Paris.

MORO, M.R. (2004), *Psychothérapie transculturelle des enfants et des adolescents,* Dunod, Paris, 3° ed.

MORO, M.R. (2008), *Aimer ses enfants ici et ailleurs. Histoires transculturelles,* O Jacob, Paris.

MORO, M.R. (2010), *Nos enfants demain. Pour une société multiculturelle,* O Jacob, Paris.

MORO, M.R. (2013), Mestre C *Je vous écris de... Correspondance entre Marie Rose Moro et Claire Mestre,* Pensée sauvage Editeur, Grenoble.

MORO, M.R.; Pury Toumi (De), S. (1994), Essai d'analyse des processus interactifs de la traduction dans un entretien ethnopsychiatrique, *Nouvelle Revue d'ethnopsychiatrie,* n°25-26, pp. 47-85.

Moro, M.R.; Lachal, C. (2012), *Les psychothérapies. Modèles, méthodes et indications.* Armand Colin, Paris, 2° ed.

Moro, M.R.; Nathan, T. (1989), Le bébé migrateur. Spécificités et psychopathologie des interactions précoces en situation migratoire. En: Lebovici, S.; Weil-Halpern, F. (eds.), *Psychopathologie du bébé,* PUF, Paris, pp. 683-722.

Nathan, T. (1986), *La Folie des autres. Traité d'ethnopsychiatrie clinique,* Bordas, Paris.

Nathan, T. (1987), La fonction psychique du trauma, *Nouvelle Revue d'ethnopsychiatrie,* n°8, pp. 7-9.

Nathan, T.; Moro, M.R. (1989), Enfants de *djinné*. Evaluation ethnopsychanalytique des interactions précoces. En: Lebovici, S.; Mazet, P.; Visier, J.P. (eds.), *Evaluation des interactions précoces,* Eschel, Paris, pp. 307-340.

Roheim, G. (1972), *Origine et fonction de la culture* (trad. fr.), Paris, Gallimard (obra original 1943).

Sindzingre, N. (1989), La notion de transfert de représentations : l'exemple des aspects culturels de l'infortune, *Anthropologia medica,* pp. 5-6.

Zempléni, A. (1985), La "maladie" et ses "causes". Introduction, *L'Ethnographie,* LXXXI, 2, pp. 13-44.

— 2 —
El concepto de filiación narrativa
El cuarto eje de la filiación[1]

Bernard Golse y Marie Rose Moro

> *La narración es parte de la vida
> antes de exilarse en la escritura.*
>
> Ricœur, 1990

Introducción

El concepto de filiación narrativa o de eje narrativo de la filiación surgió en el marco de nuestro seminario sobre la adopción internacional que funciona desde hace ya muchos años. Pensamos que dicho concepto puede ser propuesto como el cuarto eje de la filiación, completando así los tres propuestos por J. Guyotat en 1980.

La adopción internacional implica exponencialmente la pregunta por los orígenes y su narración se revela tanto más esencial porque el niño llegado de otro lugar es portador de una doble extrañeza (B. Golse).

Este eje narrativo de la filiación probablemente tiene una implicancia más general, abarcando a todos los niños (incluidos los niños biológicos), aunque se despliega sin duda de manera más espontánea y menos explícita y, la mayoría de las veces, menos conflictiva.

---

1. Artículo publicado originalmente en francés en *La Psychiatrie de l'enfant* (2017, LX, 1, 3-23) bajo el título "Le concept de filiation narrative – Un quatrième axe de la filiation".

Los tres ejes de la filiación según J. Guyotat

La filiación puede definirse como una vivencia de pertenencia recíproca, vivencia que, una vez instalada, necesita ser replanteada a lo largo de la existencia en el seno de un proceso progresivo de adopción mutua entre adultos y niños, incluso en el marco de la filiación biológica.

Este proceso se inscribe así en la duración, y es difícil de decir si se trata de un sentimiento que reenvía al afecto, de una creencia que reenvía al mito o de una convicción que reenvía al delirio (B. Golse). Por eso, usamos como recurso al término de vivencia, de sentir o de resentir una pertenencia recíproca, el niño sintiéndose o vivenciándose como el niño de estos padres, y los adultos vivenciándose como los padres de este niño. Añadamos que existe una dialéctica profunda entre afiliación (sincrónica) y filiación (diacrónica) en la medida en que encontrar su sitio en su historia materna y paterna permite situarse mejor en el grupo familiar actual y recíprocamente, dice J. Guyotat (1980), quien propuso definir la filiación según tres ejes: el eje biológico, el eje simbólico (legal o instituido), y el eje psíquico (afectivo, imaginario o narcisista). Los trabajos de M. Soule y J. Noel (2004) demostraron que la adopción es posible en la medida que dos de esos tres ejes alcanzan para la instauración de los procesos de afiliación, de filiación y de subjetivación.

La filiación biológica corresponde a la transmisión del material genético entre los genitores y los hijos. Es la que el Consejo Nacional para el Acceso a los Orígenes Personales (CNAOP) tiene principalmente en cuenta en sus misiones (ayudar a las personas nacidas bajo el secreto y el anonimato a encontrar sus orígenes biológicos), aunque sea necesario saber relativizarla pero sin minimizarla. La filiación biológica no asegura por sí sola una filiación psíquica. En nuestra sociedad, la filiación biológica es a menudo sobrevalorada. Entre las fuerzas psíquicas que se oponen al trabajo psíquico de filiación, la fascinación por lo biológico puede constituir un obstáculo mayor al trabajo de la parentalidad. La procreación no es suficiente para fundar la parentalidad en la medida en que solo el eje de la filiación psíquica permite el anudamiento de los tres ejes de la filiación.

La filiación legal, simbólica o instituida

Este eje de la filiación es asegurado por las inscripciones simbólicas oficiales (libreta de familia, partida de nacimiento, libreta de salud) pero también por las extraoficiales (cada vez que el niño, por la mañana en clase, escribe su nombre y apellido en el cuaderno, confirma su vivencia de afiliación en su familia por su nombre y su inscripción en su filiación paterna y/o materna por la proclamación de su apellido). Es importante recordar una vez más que el humano crea lo social a partir de la naturaleza pero que el lazo de sangre o biológico no es suficiente, en sí, para producir un sujeto, un padre o una familia. La institución de la filiación es determinante, y la creación de esta ficción jurídica es una de las funciones esenciales de la Ley (en referencia a la ficción del padre siempre incierto).

La filiación simbólica asegura una referencia tercera que le permite al individuo encontrar su sitio en una filiación donde jamás puede designarse como su propio origen, sino solamente en referencia a ésta. Ello no significa que el conocimiento de la filiación biológica sea superfluo, vano o inútil: significa solamente que el proceso de filiación puede instaurarse sólidamente en ausencia de filiación biológica, que la filiación psíquica puede venir para dar un anclaje a otros ejes de la filiación cuando también implica a los llamados padres biológicos, y que el conocimiento de la filiación biológica puede apaciguar y tranquilizar a los otros dos ejes (afectivo y legal) de la filiación cuando éstos se instauraron con adultos diferentes de los padres biológicos.

La filiación psíquica, afectiva, imaginaria o narcisista

En una tríada, el hecho de vivir juntos hace que cada uno designe –explícitamente o implícitamente– el lugar de los otros en el seno de la estructura grupal ("tu padre", "tu madre", "tu hijo" o "tu hija"). Esta filiación se origina así en la legitimidad del deseo, del reconocimiento afectivo y de la enunciación de la palabra. Es subtendida por una lógica narcisista y une al niño a la pareja (filiación doble materna y paterna) de la que proviene gracias al fantasma de deseo que lo precedió antes de su llegada en el mundo. Esta filiación se construye con el tiempo, nunca está dada desde el principio. Le permite al niño decirse y sentirse como nacido de su madre y de su padre a través de la sexualidad parental fantaseada por el niño como su lugar originario (B. Juillerat). Es la madre quien contribuye a instituir al hombre como el padre de su hijo, y el niño confirma a la mujer en su posición de madre (S. Lebovici).

Finalmente, como vemos, el eje vertical y diacrónico de la doble filiación parental cruza el montaje edípico, triangular y sincrónico, para permitir al montaje genealógico funcionar para el niño, asegurar su posición permitiéndole así poner en movimiento y elaborar este montaje con arreglo a sus movimientos afectivos y pulsionales (P. Levy-Soussan, 2002).

Cuanto más segura es la filiación, menos pregunta el niño, pero paradójicamente cuanto más el padre o la madre están seguros de su parentalidad, más aceptan ser puestos en duda a este nivel ("te conozco como si te hubiera hecho") en juegos de fortalecimiento «de forma contraria» a la filiación psíquica, según el adagio bien conocido que dice que "no se habla de sogas en la casa de un ahorcado". Dicho de otro modo, la vivencia de pertenencia recíproca reenvía simultáneamente a lo que se siente, a lo que se cree y a aquello de lo que se está convencido, y todo esto no siendo estrictamente dependiente de la racionalidad biológica.

El concepto de filiación narrativa como cuarto eje de la filiación (eje del relato)

Si bien la vivencia de filiación de un niño puede basarse total o parcialmente en los tres ejes de la filiación mencionados (la adopción nacional o internacional suprime por definición ambos ejes biológicos materno y paterno), nos parece que hoy necesitan, para ser efectivos, ser alimentados y apuntalados por otro eje que proponemos llamar de filiación narrativa y que reposa en la puesta en relato de los orígenes del niño (biológico o adoptado). Este eje va a constituir el tejido conjuntivo, podríamos decir, o la trama emocional de los otros ejes de la filiación, y vemos así hasta qué punto su importancia es decisiva para anudar en cierto modo los otros ejes y darles sus cimientos históricos en el sentido de la historia subjetiva del niño.

El relato de los orígenes ofrece a la filiación un punto de vista ontogenético que completa los otros puntos de vista que son el filosófico (P. Ricoeur), el punto de vista del desarrollo (D.N. Stern) y el punto de vista psicodinámico (S. Lebovici) que anuda el Sí mismo y el relato. Dicho esto, es claro que la pregunta por los orígenes no recubre solamente la identidad biológica de los genitores, sino que también –e incluso sobre todo– el deseo de hijo, la historia de la pareja (que funda el encuentro de los gametos), el embarazo, el nacimiento y la historia de los primeros lazos. Por todo lo dicho, el hecho de que el relato permita y favorezca la inscripción psíquica de sus orígenes, sugiere la idea que la dinámica de los orígenes tiene valor de traumatismo y que, como tal, necesita testigos para poder mentalizarse, superarse y vivirse de manera constructiva (traumatismo mínimo o estructurante según D.W. Winnicott).

Las raíces epistemológicas del concepto de narración

El concepto de narratividad es a la vez antiguo y moderno, proveniente de horizontes epistemológicos múltiples y actualmente en auge en el campo del desarrollo y de la psicopatología dinámica. Diferentes raíces epistemológicas de este concepto pueden ser descritas así.

Las raíces filosóficas

Pensamos aquí, naturalmente, en P. Ricoeur, para quien la cuestión filosófica planteada por el trabajo de composición es el de la relación entre el tiempo del relato y el de la vida y de la acción afectiva. Varios enfoques se ven convocados por P. Ricoeur en su ya clásico trabajo *Tiempo y narración* (1983), a saber, principalmente, la fenomenología del tiempo, la historiografía y la teoría literaria del relato, ya sea de la narración histórica, ya sea del relato de ficción. P. Ricoeur finalmente propone la idea de que la identidad del ser humano es fundamentalmente una "identidad narrativa" con la noción corolario de eventuales "impedimentos de narratividad".

Las raíces históricas

La historia es, por definición, una ciencia narrativa y esto muestra bien que se le niega menos el estatuto de ciencia a la historia que al psicoanálisis. Al mismo tiempo, ambas comparten evidentemente el hecho de no poder repetirse: ¡la historia tartamudea a veces, pero jamás se repite de manera idéntica!

Sea lo que sea, el concepto de "narratividad" se revela central para los historiadores que se encuentran, como los "psicopatólogos", confrontados con las dificultades de la dotación inmediata de sentido, con la necesidad de tomar distancia, con los efectos del "apres coup" y tener que considerar inevitablemente una cierta subjetividad. La verdadera modernidad no se define por la tentativa de evacuar toda subjetividad sino, por el contrario, por el hecho de tenerla en cuenta como analizador indirecto de los fenómenos y de los procesos observados.

Las raíces literarias y lingüísticas

"La historia es una novela que ha sido, la novela es la historia que hubiera podido ser" (A. Gide). Es toda la problemática de la enunciación del relato y de su estilística. "El estilo es el hombre", ya decía, en su tiempo, J. Lacan. Por su parte, R. Barthes realizó todo un desciframiento sociolingüístico de un cierto número de comportamientos de superficie (como la manera de vestirse) susceptibles de connotar lo íntimo del sujeto. Hay pues allí toda una semiología de la apariencia que tiene valor de narración de la visión del mundo que el individuo tiene de sí mismo y de su entorno.

Las raíces psicoanalíticas

Dichas raíces remiten a la cuestión de los procesos llamados "de enlace". Sabemos que el relato de los sueños es tenido en cuenta desde hace mucho tiempo. Desde *La interpretación de los sueños* (S. Freud) hasta los trabajos de A. Garma sobre la función anti-traumática del sueño, lo que el pensamiento psicoanalítico puso de relieve es el trabajo de narración onírica. Este trabajo es extremadamente complejo porque el sujeto que sueña es al mismo tiempo el autor del sueño, su director y su(s) diferente(s) actor(es) a través del proceso de difracción identificatoria. Esta complejidad narrativa fue utilizada en la literatura moderna y en el cine. Recordemos la película "Sueños" de Kurosawa quien, a su manera, muestra el trabajo de "primarización" de los significantes arcaicos u originarios que cada noche el sueño pone a trabajar incansable y que, por la actividad de puesta en relato, reactualiza ciertas etapas precoces del desarrollo y repara los envoltorios psíquicos socavados por la vida diurna ("La película del sueño" de D. Anzieu).

Para profundizar la cuestión de los lazos entre el sueño y el traumatismo, nos permitimos aventurar un poco más allá del registro psicoanalítico, en el sentido estricto, para evocar el texto formidable de J. Semprun (*La escritura o la vida*, 1994) dedicado a la función vital de la escritura después de la Shoah, trabajo de supervivencia que recuerda una frase a menudo citada: "todas las penas son soportables si las convertimos en narración". En el relato de la vida lo que cambia no es el pasado sino la relación del sujeto con su propia historia. También el trabajo del preconsciente puede ser conceptualizado en términos de narrativa a través de los procesos de doble inscripción, consciente e inconsciente, de las representaciones de cosa y de sus lazos con las representaciones de palabra correspondientes.

R. Diatkine insistió en los lazos funcionales entre la narratividad del bebé y la "capacidad de ensoñación [*reverie*]" de la madre (W.R. Bion). Y para él, en el segundo semestre de la vida el bebé se vuelve capaz de comprender que "si su madre no está allí, es que está en otro lugar", elaboración minúscula pero crucial y que tiene el valor de narración de la ausencia.

La narratividad también se ve implicada en la teoría del "après-coup" ya que la dialéctica de doble sentido (J. Laplanche) entre el pasado y el presente funciona como una reescritura permanente de sus lazos recíprocos (el pasado esclarece el presente pero el presente también permite "retro-decir" el pasado).

Citemos también los trabajos de J. Hochmann sobre la narratividad y los de M. Milner sobre la maleabilidad del objeto primario para indicar la importancia que le da el psicoanálisis a la narratividad como fuerza de inscripción y de relación permitiendo historizar la ontogénesis y las interrelaciones del sujeto con su entorno. Todo esto convierte a la narrativdad en un concepto central en el seno de la reflexión meta psicoanalítica.

Las raíces del desarrollo

Algunas de ellas ya han sido mencionadas, pero queremos indicar tres, cuya importancia es hoy innegable.

- *El sentido de un Sí mismo verbal o de un Sí mismo narrativo estudiado por D.N. STERN.*

En su libro *Diario de un bebé*, D.N. Stern intentó, de manera sorprendente, poniéndose de alguna manera en el lugar y en la mirada de un bebé, mostrarnos todo el trabajo que deben hacer los niños para llegar a articular entre sí las diferentes experiencias y los diferentes episodios interactivos que viven a lo largo del día y que, si no, sólo serían acontecimientos sucesivos, independientes, solamente yuxtapuestos y sin relación unos con otros. Es evidentemente todo el proceso de subjetivación que se encuentra aquí convocado porque, sin el sentimiento de una cierta continuidad de existir (D.W. Winnicott) como individuo separado y diferenciado, no hay hilo conductor que pueda ser identificado por el niño articulando los diferentes episodios del día. Dicho de otra manera, el sentimiento del sujeto de ser siempre él mismo a lo largo de un lapso de tiempo dado es lo que permite vincular esos diferentes momentos. Esto implica la instauración del narcisismo primario en el seno de un movimiento recíproco, ya que es el acceso a la narratividad lo que condiciona al mismo tiempo la instauración de dicho narcisismo.

Según D.N. Stern, la realidad psíquica del bebé puede recortarse en una sucesión de unidades temporales elementales, una sucesión de "ahoras" que son vividos por él de manera independiente y que contienen cada uno su dinámica propia, desde un punto de vista que casi se podría decir fenomenológico. De allí la idea "de envoltorio proto o prenarrativo" desarrollada por este autor, y que representa la unidad de base de la realidad psíquica infantil preverbal.[2] Este envoltorio proto o prenarrativo va a permitirle al niño identificar invariantes a través de los ensayos interactivos, las representaciones que van a inscribirse en su psiquis bajo la forma de representaciones analógicas ("representaciones de interacciones generalizadas") y que van a contribuir a la emergencia de un *Sí-mismo verbal* alrededor de los dieciocho meses (después de las instauraciones sucesivas del sentido de un *Sí mismo emergente* entre cero y dos meses, del sentido de un *Sí mismo Núcleo* entre dos y siete meses, y del sentido de un *Sí mismo subjetivo* entre siete y dieciocho meses).

Vemos así cómo el sentido mismo de un *Sí mismo verbal o narrativo* echa raíces en la instauración de "esquemas-de-estar-juntos" (*weness*, según los autores anglosajones), en el compartir afectos y emociones, y en la identificación de episodios interactivos específicos o generalizados. Este sentido de un *Sí mismo verbal* ofrece al niño la posibilidad, no in-mediata (es decir mediatizada por el adulto), de "contarse" a sí mismo, su propia historia cotidiana.

- *Las figuraciones y narraciones corporales proto-simbólicas*

Tomando como referencia los trabajos de G. Haag sobre las identificaciones intracorporales o los trabajos de A. Tardos del instituto Pikler-Loczy (Budapest, Hungría) sobre el funcionamiento de los bebés durante los momentos llamados de "actividad libre", podemos sostener como idea que el niño tiene muy precozmente la capacidad de refigurar en su teatro corporal o comportamental los momentos de encuentro, ya sea de interacción con otro humano o con objetos inanimados. En esa refiguración corporal o comportamental proto simbólica se encuentra el germen de la futura narratividad. Esta narratividad preverbal se juega, desde luego, en atmósfera de supuesta conciencia en el sentido de que el niño todavía no tiene conciencia de su actividad simbolizante principiante.

---

2. Se trata de un concepto originado en los trabajos de K. Nelson ("representaciones de sucesos"), de J.M. Mandler ("esquemas de sucesos") y de R.C. Schank y R. Abelson ("scripts"), pero que aquí es esclarecido con una orientación hacia un objetivo (deseo), su estructura de tipo narrativo (línea dramática), su jerarquización y su estructura temporal.

- *Los lazos entre apego y narratividad*

Éste es un capítulo importante en la reflexión contemporánea en materia de narratividad y de desarrollo. La hipótesis sería que la calidad de la narratividad se arraiga profundamente en la calidad de los lazos de apego precoz. Esta hipótesis marcó uno de los momentos fuertes en la reintroducción de la representación mental en el seno mismo de la teoría del apego (M. Main, K. Kaplan y J. Cassidy), después de un largo período durante el cual se consideró que esta teoría retiraba excesivamente del campo psicoanalítico toda actividad representativa.

Desde entonces, muchos trabajos se desarrollaron en esta perspectiva, y sabemos que en lo sucesivo cada edad de la vida dispone de herramientas que permiten evaluar la calidad de los esquemas de apego: "la *strange* situación" (M. Ainsworth) en los niños pequeños, las "historias para completar" de los niños en el período alrededor del Edipo y "el *Adult Attachment Interview*" (AAI de M. Main) en los adultos, con versiones modificadas para adolescentes y preadolescentes.

El dogma, o mejor dicho el axioma de una correlación entre la calidad de la narratividad y las características de los lazos de apego precoces, constituyen actualmente una hipótesis evolutiva importante. Al mismo tiempo, abre las puertas a la reflexión y ofrece pistas para investigaciones fecundas.

Para terminar con las raíces evolutivas del concepto de narratividad queremos simplemente subrayar el hecho de que ellas retoman las principales líneas de fuerza inherentes a las otras raíces epistemológicas ya evocadas: el sí mismo verbal y la fenomenología del tiempo (para las raíces filosóficas), el relato y la historia (para las raíces históricas), las narraciones y la enunciación (para las raíces lingüísticas), los procesos de ligadura y los efectos del "après-coup" (para las raíces psicoanalíticas).

Es decir, las diferentes raíces epistemológicas del concepto de narratividad que contemplamos convergen de alguna manera en el enfoque del desarrollo actual y esto representa una de las múltiples riquezas de la psiquiatría del bebé, que tiene un gran auge desde hace algunas décadas.

En el campo de las terapias familiares esta cuestión de la narratividad y de la narración ha sido desarrollada en el curso de los últimos años, en particular con los trabajos del australiano Michael White influenciado por Michel Foucault o Gregory Bateson, que mostraron la importancia de la construcción de un eje narrativo para las terapias de parejas o de familias.

A partir de las interacciones precoces

Sabemos que existen diferentes niveles de la narración: colectivo (costumbres y ritos), preverbal o verbal. Nuestro primer ejemplo es de un relato preverbal. Los siguientes son de tipo predominantemente verbal.

El espacio de las interacciones precoces como espacio de narración en ambos sentidos (los trabajos del Instituto Pikler-Loczy en Budapest)

Incluso los bebés necesitan una historia, y una historia que no sea solamente una historia médica, genética o biológica, sino una historia que sea también, y sobre todo, una historia relacional, que es la que les permite inscribirse en su doble filiación, materna y paterna, y poder poner en marcha sus procesos de afiliación y filiación. Estos procesos mantienen entre sí una relación dinámica y dialéctica, sobre la cual insistía mucho un autor como Serge Lebovici (la filiación permite la afiliación, y la afiliación permite la inscripción en la filiación). Bernard Doray dijo esta frase que citamos de memoria: "llegará el día en que sepamos trasplantar todos los órganos: riñones, corazón, pulmones. Pero hay algo que nunca sabremos hacer, y por suerte: trasplantar historias". Efectivamente, la historia se co-construye entre niños y adultos. Es el fruto de una co-escritura activa. Y queremos insistir sobre este punto en la medida en que la narratividad es fundamentalmente producto de las interacciones tempranas. La historia es, ya lo sabemos, el blanco de todas las dictaduras, porque privar los seres de su historia es posiblemente la esencia misma de la violencia. Esto es muy importante para todos los que se ocupan de bebés (y no sólo de ellos) y cada vez que nuestros modelos psicológicos o psicopatológicos olvidan la historia, corremos el riesgo de una violencia teórica reductora y dañina.

El crecimiento y la maduración psíquicas de los niños, o sea su desarrollo en el buen sentido del término, así como los trastornos del desarrollo, se juegan siempre en la interfaz entre dentro y afuera, es decir en el exacto entrecruzamiento entre los factores endógenos y los exógenos. Si comprendemos los factores endógenos como la parte personal del niño (su temperamento, su equipo neurológico, genético y cognitivo), bajo el término de factores exógenos debemos incluir todos los efectos de encuentro del niño con su entorno, efectos por esencia imprevisibles y que constituyen la trama de su historia relacional personal. Son esos encuentros los que hacen la historia del niño y que van a permitirle escribir su historia con el adulto como co-autor. En este sentido decimos que el encuentro entre el adulto y el bebé es un espacio de narración. Los bebés no solamente necesitan (¡y mucho!) que les cuenten historias, ellos necesita poco a poco aprender a contar y a contarse a sí mismos su propia historia. Este aprendizaje interactivo se da en el encuentro con el (los) adulto(s) que ya han instaurado su propia narratividad. Esto remite a lo que J. Laplanche describió con el concepto de "situación antropológica fundamental", o sea ese "cara a cara" recíproco pero asimétrico (a causa de la neotenia humana, física y psíquica) entre un adulto con su psiquismo y su sexualidad ya instaurados, y un bebé en proceso de diferenciación. Para Laplanche ese frente a frente es probablemente más fundamentalmente humano que la misma dinámica edípica... ¿Qué es entonces ese espacio de narración? Cada vez que un adulto se ocupa de un bebé, instituye entre los dos un estilo interactivo que es eminentemente específico de esa díada. El estilo interactivo del adulto es la resultante de su historia personal (lo que es hoy, el bebé que él mismo fue, la naturaleza de sus interacciones precoces) y del encuentro con este niño particular que tiene sus propias características interactivas, en términos de temperamento, de "modelos internos operantes" (J. Bowlby; I. Bretherton) o en términos "de entonamiento afectivo" (D.N. Stern) y que ocupa un lugar particular en el mundo interno representacional de este adulto singular. En el marco de este encuentro inédito, cada uno va entonces "a contar" algo al otro. El adulto le cuenta a su manera al bebé respecto al bebé que él mismo fue, creyó ser, o temió ser; mientras que el bebé "le cuenta" a su manera al adulto la historia de sus primeros encuentros interactivos o interrelacionales. Dicho de otro modo, el adulto intenta hacer funcionar al bebé a imagen y semejanza de sus propias representaciones de la infancia induciendo movimientos identificatorios o contra-identificatorios a través de micro secuencias interactivas que traducen su visión del mundo (lo masculino, lo femenino, lo paterno, lo materno...). Ellos son el soporte concreto de mandatos transgeneracionales inconscientes (S. Lebovici) que el adulto delega al niño a través de proyecciones más o menos obstaculizantes. Por su parte, el bebé intenta hacer funcionar al adulto según el modelo de sus primeras imagos interactivas (o sea, una cierta aptitud a la transferencia, como lo afirman B. Cramer, F. Palacio-Espasa y S. Lebovici). Cada uno le cuenta al otro algo de su historia temprana, relato asimétrico evidentemente, más o menos modificado, más o menos reconstruido.

Podemos pensar que la parte modificada es más importante en el adulto ya que está más lejos de su historia precoz. Pero este punto merece profundizarse.

Sabemos que el adulto dice a menudo al niño "¿qué nos estás contando?", testimonio de la consciencia del trabajo de narración realizado por el bebé, quien si tuviera las palabras para decirlo, le haría la misma pregunta al adulto.

De esas dos historias nace una tercera que se origina, se arraiga, en las dos primeras, pero que debe funcionar como un espacio de libertad. Tercera historia que se co-escribe a medida que se hace y se dice, y que sólo será estructurante para el bebé a condición de estar vinculada con las dos historias que lo pre-existen y dejando lugar para lo nuevo, lo posible, lo no aún-advenido. Solo así el bebé podrá conquistar su "identidad narrativa" (P. Ricoeur) fruto de una co-creación interactiva.

Los trabajos del Instituto Pikler-Loczy de Budapest han contribuido ampliamente a la emergencia del concepto de tercera historia co-construida (M. David y G. Appell). La historia inicial del niño está incluida en esta tercera historia de cuya decodificación y elaboración secundaria participan fundamentalmente en la famosa búsqueda de los orígenes.

Desde luego, este relato se pone en juego no sólo en la guardería infantil de Budapest, sino en todas las situaciones de adopción, nacionales e internacionales. Se trata en el fondo de la puesta en relato de la protohistoria del encuentro que permitirá que los ejes simbólico y psíquico de la filiación puedan luego desplegarse de manera fecunda. Es en este sentido que hablamos de eje narrativo de la filiación en este marco de la adopción, es decir, de un eje que sostiene en un segundo plano el proceso de instauración de los otros ejes de la filiación.

La experiencia del CNAOP (Consejo Nacional para el Acceso a los Orígenes Personales)

El CNAOP es una institución relativamente joven, creada en 2002.[3] Existe una sutil dialéctica inherente a la tarea primaria del CNAOP: no darle más valor ni a lo biológico ni a una narratividad simbólica más o menos etérea y desencarnada. Pero es evidente que desde un principio esta institución se vio amenazada por el riesgo de una alianza objetiva entre el inevitable reduccionismo administrativo (preocupado por la economía financiera), por un lado, y las tentaciones simplificadoras abusivas de ciertas personas "nacidas bajo X"[4], por otro lado (que consideran que se puede actuar sin precaución, bajo el pretexto de que lo peor ya fue hecho: la herida íntima del abandono y de la negación de la concepción).

Personalmente, pensamos en primer lugar que las tendencias administrativas, por más pesadas que sean, no pueden tener fuerza de ley, y que si la posición de las personas nacidas bajo X tiene su lógica interna, no quita que el primer dolor no protege, por desgracia, de los sufrimientos posteriores. Es evidente para nosotros que la acción del CNAOP no se reduce a un simple acto administrativo, y que toda su utilidad y toda su importancia es

---

3. De la que estamos orgullosos y felices de haber sido presidente de 2005 a 2008 (B. Golse), en estrecha colaboración con una secretaria general (Marie-Claire le Boursicot), particularmente competente y eficiente, y con un equipo de encargados de misión a los que queremos aquí felicitar por su energía, la calidad de las intervenciones y el tacto en la gestión psicológica de los expedientes.

4. El término exacto para designar los "partos bajo X" es "partos bajo secreto y bajo anonimato".

precisamente el hecho de saber respetar el interés y la dignidad de todas las personas concernidas (los padres de origen y los solicitantes).

Mientras que el nivel biológico de la filiación se articule estrechamente con los dos otros niveles –imaginario y simbólico–, ¿cómo se podría reducir la demanda de los orígenes a una simple búsqueda de la biología de la concepción, es decir a una búsqueda de la identidad biológica y genética de los genitores del niño, aislada de toda reconstrucción narrativa? La pregunta por los orígenes de los solicitantes del CNAOP es la búsqueda de una historia.

No se trata tanto para ellos de saber quiénes son sus genitores desde un punto de vista biológico (¡pocos niños se interesan por el cariotipo de sus padres!) sino de saber cómo sus padres se encontraron, lo que pasó entre ellos antes y durante el embarazo del que derivan... Un ovocito y un espermatozoide no se encuentran inopinadamente, es un encuentro que es fundamentalmente el de dos seres humanos portadores de sus deseos y de sus fantasmas, y es el relato de este encuentro el que motiva profundamente a los solicitantes, y que el CNAOP debe de escuchar.

Una vez evocados los argumentos financieros de nuestras tutelas administrativas y el sufrimiento muy comprensible de los solicitantes, debemos entonces interrogarnos las razones profundas de un riesgo de deriva que privaría al CNAOP de toda la dimensión de empatía psicológica, lo cual debe ser lo primordial en su funcionamiento. La ayuda en la búsqueda de los orígenes sería un acto puramente administrativo, en detrimento de toda dimensión de ayuda a la narratividad, lo que para nosotros sería un verdadero proceso de ataque contra el pensamiento.

¿Por qué es posible dicho riesgo? Existe desde hace mucho tiempo un consenso tácito entre los medios de comunicación y el público para evacuar la complejidad que nos confronta inevitablemente a la cuestión de la sexualidad, del sufrimiento psíquico y la muerte. Sabemos que la vida psíquica no es simple y sus dificultades tampoco. Querernos hacer creer lo contrario es una estafa que se basa en la paradoja que consiste en que el humano se confronta siempre a lo que tiene de más precioso, a saber, a su capacidad de pensar. Así todo ocurre como si el pensamiento se horrorizara de mismo, como si existiera siempre un odio del pensamiento hacia sí mismo, odio que remite posiblemente a un masoquismo fundamental del ser humano... No es solamente el cuestionamiento de la existencia de una psicología y una psicopatología auténticas. Se trata del respeto y la dignidad de los sujetos y de las familias que tenemos bajo nuestra responsabilidad en tanto que profesionales de la psiquis y de su historia.

La adopción: ¿información o revelación?

Todo niño adoptado, ya sea nacional o internacionalmente, necesita que su adopción sea narrada. Ya hablamos de la importancia del relato que se debe aportar al bebé frente a su movimiento de búsqueda de los orígenes. Nos interesa aquí poner el acento en la manera de contarlo. Se ha hablado mucho de "revelación"..., por ejemplo cuando llega a la "edad de la razón". Actualmente se insiste en la noción de información, una información emocional precoz y progresiva al niño sobre su adopción, y no una información intelectual tardía al estilo de una verdad revelada. Es importante en efecto, en caso de la adopción precoz, saber sacar provecho de la sensibilidad casi-inmediata del bebé al lenguaje, y más particularmente de su sensibilidad a la música del lenguaje más que al contenido simbólico de cada palabra, esta comprensión lingüística del contenido en el sentido estricto es el fruto de un aprendizaje rápido pero progresivo. Es decir, en la medida en que sabemos que el bebé entra en el lenguaje por la parte supra segmentaria del mismo (enunciación prosódica) más que por su parte segmentaria (enunciado), los padres adoptivos pueden hablar de su historia y de la historia de la adopción al bebé desde su llegada a su nueva familia. Esto tiene dos ventajas esenciales:

- Por una parte, si bien el niño no comprende cada palabra que le es dicha, percibe desde el principio el clima emocional específico de estos momentos particulares de comunicación y el día en que su maduración lingüística y cognitiva haya progresado, comprenderá el contenido específico de estos mensajes. Entonces sabrá que siempre se le tuvo confianza, y que lo que descubre cognitivamente ya existía, afectivamente, en la comunicación precoz con sus padres adoptivos;

- Por otra parte, este primer período de comunicación en cierto modo "más allá" de las palabras propiamente dichas, les permite a los padres adoptivos familiarizarse ellos mismos con sus propias emociones cuando le hablan al niño de su adopción, lo que siempre es muy emocionante.

Finalmente, lo que resalta de estas observaciones, es que el relato –primero preverbal, luego verbal– de la adopción, va a proveer al niño un eje narrativo esencial para que pueda, sobre esta trama, organizar poco a poco el anudamiento del eje simbólico y del eje psíquico de su adopción. El relato de la adopción aparece entonces más como una condición previa que como una consecuencia de la adopción, no de la adopción cronológica por supuesto, sino de la adopción fenomenológica.

El deseo de los padres adoptantes y el derecho a una historia para los niños adoptados

Así como existen distintas formas de parentesco, la adopción obliga a pensar en la condición infantil y las necesidades de los niños de manera plural. Estos niños tienen por lo menos dos fragmentos de historia que deben hacer cohabitar –el anterior y el posterior a la adopción. Los adultos deben posicionarse en relación a esto, con sus deseos de ser padres a pesar de las transformaciones, los obstáculos y de las dificultades de la adopción. El desafío es aquí el despliegue de la filiación narrativa tanto para los padres como para los niños, tanto en el desarrollo del niño como en psicoterapia, como lo muestran Lisette y sus padres.

Lisette, el pajarito asustado

A Lise[5] le gustan los niños desde siempre, o al menos es lo que ella recuerda. Jugó a las muñecas hasta muy tarde; lo que le gustaba, no era tantos peinarlas o vestirlas sino alimentarlas y enseñarles cosas. Adulta, sigue estudios literarios y deviene ilustradora de libros infantiles. Es lo que más le gusta hacer en la vida…, todo el resto la aburre. Desde hace tiempo ya, Lisette

---

5. En el texto todos los nombres y lugares fueron modificados.

tiene una mirada melancólica de la existencia. Dejará a su familia, demasiado presente, y se irá a vivir a Australia para que la lengua también los separe: necesita sentirse lejos de su madre para existir verdaderamente y, sin embargo, se entiende bien con ella y la llama todos los domingos. Durante diez años Lise intentará encontrar la distancia óptima con su mamá, lo que le deja poco tiempo, fuera de su trabajo, para conocer gente. Tiene treinta y cuatro años cuando encuentra al hombre con el que imagina tener hijos. Ya era tiempo, porque estaba desesperada por encontrar a alguien que quiera devenir padre. Dos años de convivencia pasan, y el niño no llega. Tres, cuatro, y nada. La pareja empieza con los exámenes médicos y a pesar de no haber causa médica absoluta, una serie de parámetros de uno y del otro dejan entrever que no podrán tener hijos. Ironía de destino, el marido es trasladado por su trabajo poco tiempo después; ella se va con él y se encuentra en Francia, su país de origen para "seguir a su marido", sin hijos y sufriendo por ello.

Lisa se desespera por lo que llama "su sequedad" y, cansada de luchar, le pide consejo a su madre que le habla de la adopción. Su marido que había rechazado la idea, termina aceptando frente a su tristeza. La pareja va a Camboya a buscar al primer bebé. Después de una larga espera, logran obtener a una beba de nueve meses, delgada y enferma. En el hotel, la pequeña gime mucho y bebe muy poca leche del biberón. A su vuelta a Francia, muy preocupados los padres me consultan por anorexia secundaria del bebé.

Vienen los dos a la consulta con el bebé. Al principio es Lise quien habla. Describe las dificultades del bebé para comer, muy preocupada por este tema que es vital. Le pregunto cómo se llama. Mi pregunta la sorprende. "Lisette", me contesta. "¿Y antes?", "¿Antes? ¿Ud. se refiere a Camboya? No lo sé, los bebés allá no son nombrados". Le pregunto si está segura de ello. El papá interviene entonces para decirme que ese no es el problema, que estamos frente a un problema grave y que no entiende cuál es el interés de hacer antropología. Si el pediatra los derivó es porque temen por la vida del bebé, repite el padre algo molesto. Yo confirmo, diciendo "La vida de quien hoy se llama Lisette pero que hasta hace un mes se llamaba de otra manera y bebía otra cosa que la leche".

Mis palabras calman a la pequeña que hasta ese momento gemía. Se calma en los brazos de su madre, lo que la estimula a seguir hablando y le permite recordar ese tiempo que ella llama "antes", ese tiempo que ella casi no compartió con su hija y que la asustaba. Me cuenta su primer encuentro, la mirada atemorizada del bebé y su miedo de que esté enferma de tan flaquita que estaba. "¿Pero qué comía en Camboya?". La mamá me dice que es una buena pregunta, que se había olvidado de preguntar porque ella creía que todos los bebés comían lo mismo. Sabiendo que ella había vivido algunos meses con los aborígenes de Australia, le pregunto lo que comen los bebés en el bosque australiano. Lise recuerda que les dan té además de la leche materna... "¿Y en Camboya? ¡No sé!". Le propongo: "A lo mejor comen arroz masticado por las cuidadoras"... "Sí, lo vi hacer pero es sucio". Le sugiero hacerlo para su hija de una manera que le parezca higiénica, por ejemplo aplastando el arroz muy cocinado. Sin darme cuenta me equivoco y nombro al bebé "Lisoa" transformándolo, sin querer, en un nombre un poco "asiático". "Es lindo –dice la madre–, pero ¿por qué le cambia el nombre? ¡Todos los que la conozcan no van a estar cambiándole el nombre! Una sola vez ya es lo suficientemente violento", agrega mirando a su bebita. Por mi lapsus, que a ella la incentiva, esta mamá parece identificarse a lo que su hija pudo vivir y con su necesidad de un espacio intermediario que tenga en cuenta su historia camboyana. Confiesa: "Soy una mamá que se proyecta entera en su hija y que la ve a su imagen y semejanza. No como es...". El marido protesta: "¡No es así! No completamente...".

"De hecho –dice la madre levantándose–, es necesario que sepa cómo la llamaban en el orfanato, me acuerdo de eso ahora, la nana que se ocupaba de ella se lo dijo a nuestra traductora, le llamaba con un nombre khmer que traducido podría significar ave asustada. Estoy muy contenta de acordarme de eso". Les propongo a los padres llamarla con los dos nombres durante un tiempo, el que le pusieron ellos y el de la "nana camboyana". "De antes no sabemos nada, concluye la madre con aire soñador, mirando a su hija, no conocemos el nombre que sus padres le pusieron". Al final de la consulta, la mamá piensa que es una buena idea darle arroz bien cocido a su bebé y el agua del arroz con una diversificación progresiva. El padre sigue dudando. Hasta el final seguirá llamando a Lisette "nuestra hija" de una manera genérica, signo de su dificultad para investir al bebé con su historia de otra manera que por el derecho y la posesión. Pero la mamá avanzó, se apoya en la mirada de su hija y en mí, y responde "No perdemos nada con probar, todavía no encontramos la buena forma". Sin duda la buena forma de narrarse. En los hechos, Lisette, *la pequeña ave asustada*, apreciará este nuevo espacio de sueño compartido con su madre y marcado por un cambio de alimento pero también de relato compartido. Animará a su madre por su reactividad y el placer reencontrado en mirarla, en llamarla por sus nombres y en darle de comer puré de legumbre con... arroz. Aquí el mestizaje de los relatos pasa por el mestizaje de los alimentos.

El derecho a una historia y no solamente el derecho a los orígenes

A menudo encontramos parejas que quieren adoptar o que adoptaron y que evocan de buena gana la noción de "deseo de hijo" antiguo, profundo, contrarrestado por las circunstancias de la vida. La idea de adoptar da entonces forma a este deseo y está legitimada por él: "porque lo deseamos tanto y porque este deseo es puro y sincero, entonces el niño vendrá". La persona o la pareja están dispuestos a hacer un trayecto largo, complejo, hasta a veces transgresivo. Una madre adoptante me decía que había tenido la intuición de que el niño al que debía adoptar en Guatemala había nacido y que luego de seis a ocho meses, a partir de esta fecha, iba a tenerlo... El deseo construye un verdadero pensamiento mágico, verdadero espacio de ensoñación. El tiempo y las dificultades importan poco. El deseo de los padres adoptantes es para ellos el origen de los niños adoptados pero para compartirlo con ellos debe integrar el proto-relato del niño.

Excepto algunos trabajos[6] sobre "el suceso de la adopción" como tal, pocos estudios han analizado el impacto de la adopción sobre el desarrollo del niño y sobre la construcción parental, ¡tan difícil es pensar y analizar este tema! La adopción en su

---

6. Cf. en particular Harf y cols. (2013, 2015) o Benoit y cols. (2015).

realidad concreta, y particularmente la adopción internacional, funciona a veces como un tiempo "cero", que en algunas situaciones constituye un sucedáneo del mito de los orígenes –cómo se cuenta el parto a los amigos cuando el niño es pequeño– y, en otros casos, como un evento traumático incluso cuando fue esperado mucho tiempo.

De esta manera, podemos traer un argumento al debate que hace furor sobre lo que se convino en llamar "el derecho a los orígenes" o lo que algunos nombran, de manera despectiva, "la locura de los orígenes". Pasa que los niños adoptados, en algún momento de su vida, procuran saber sobre sus padres biológicos, sobre las circunstancias de su abandono o lo que dirigió su nueva afiliación. Es este camino que concierne a los orígenes del niño que es considerado por ciertos terapeutas, filósofos, juristas o legisladores como una solución falsa que no calma el "malestar" del niño adoptado. Pensamos que se trata de un error. Lo que buscan estos niños haciendo preguntas sobre sus primeros padres o queriendo encontrarlos, no es tanto un origen sino una historia. No se trata solamente de sentimientos, sino también de apego a un lugar, a sensaciones, a una temporalidad, a una narratividad que es la de los que hacen la materialidad del lugar de nacimiento. Esto puede situarse a nivel de los recuerdos, al de la imaginación, de las fantasías o al del simple relato. De lo que se trata es del derecho a una historia, lo que no implica asumirla totalmente: podemos guardar sólo unos pedacitos o hasta pizcas, podemos rechazarla en ciertos momentos e idealizarla en otros. Luego vendrá, a veces, una segunda etapa que será sublimarla, utilizarla como fermento de creatividad o hasta olvidarla. Pero para olvidarla es necesario que no le hubiera prohibido, no hubiera denegado o transformado en objeto humillante. Cuando son pequeños no quieren que se les hable en español, thai o bambara; cuando son grandes les reprochan a los padres adoptivos por no haberlo hecho o permitido: la historia del desarrollo de los niños es así, no es lineal, es compleja, dialéctica, reflexiva y narrativa.

A menudo los factores sociales son utilizados en el sentido de la simplificación. Por ejemplo: "Tu mamá te abandonó porque eran muy muy pobres". Pero la historia de un ser no se reduce ni a su pertenencia social, cultural ni al apego que una o varias personas han tenido por él, incluso hermanos y hermanas, los que compartieron tu infortunio, ni tampoco al olor de la papaya verde o del arroz, ni los gritos de las ranas en los pantanos ni a la violencia de los más grandes que vivían en situación de calle con él en Guatemala. Nada resume su historia, pero está incluida en cada uno de esos pequeños momentos de la vida cotidiana que se relatan y que incluso con una vida tan difícil, le pertenecen.

Los niños adoptados a menudo describen este sentimiento de vacío que oponen al exceso que se les propone. Un concepto me parece muy útil para pensar en esta falta que a menudo describen con mucha sensibilidad, pero de manera fragmentaria: el de "*memories in feeling*" de Melania Klein, recuerdos en forma de sentimientos, de sensaciones y a menudo sin palabra. Esta dialéctica de la falta pertenece a todos los niños adoptados. Denegarles este derecho a una historia con un antes y un después, sobre todo cuando ya son más grandes, es privarlos de su historia colectiva y de una parte de sus afiliaciones. La construcción identitaria no sólo admite, sino que necesita una pluralidad de afiliaciones, sobre todo en estas situaciones donde no hay punto fijo y donde lo singular, cualquiera que sea, no puede dar cuenta de la realidad subjetiva y concreta de esos niños y de sus historias.

Así Noa, esta niñita vietnamita adoptada, en su terapia conmigo se quejaba amargamente de que sus padres adoptivos no querían llevarla a Vietnam. "Les dije –me contaba–, que quiero ir a Vietnam para ver si la gente se me parece. Ellos respondieron: ¡No, vamos a ir a Tailandia, es más desarrollado y más acogedor!". Quizás, pero la historia de Noa primero se escribió en Vietnam, es allí donde se encuentra una parte de sus afiliaciones y los pedacitos de una historia colectiva que quiere apropiarse... Tailandia puede ser un espacio intermediario entre los padres y su hija, pero no puede encarnar completamente la historia de Noa, permitirle figurársela y reconciliarse con ella.

La filiación narrativa es ese tejido entre filiación y afiliaciones múltiples de aquí, de allá, de hoy, de ayer y de mañana. Afiliaciones reales, familiares, culturales y sociales (Feldman y cols., 2016) pero también imaginadas, fantaseadas, inventadas o incluso soñadas. Las afiliaciones en el sentido de pertenencia pueden ser múltiples, a varios países y a muchas historias, dinámicas y cambiantes.

Conclusión

Si, según Rochefoucauld, "no habría amor sin historia, sin historia de amor", nosotros podemos decir que no hay filiación sin relato, sin narratividad de la filiación. Esta filiación narrativa, cuarto eje de la filiación, explicitada por las nuevas formas de filiación y que estudiamos aquí a partir de la adopción internacional, esencialmente nos pertenece a todos.

Bibliografía

AINSWORTH, M. (1982), "Attachment: retrospect and prospect. En (C.M. Parkes & J. Stevenson-Hinde, eds.): *The place of attachment in human behaviour*, Basic Books, New York.

ANZIEU, D. (1985), *Le Moi-peau,* Dunod, Paris.

BARTHES, R. (1967), *Système de la mode,* Le Seuil, Paris.

BENOIT, L.; HARF, A.; SKANDRANI, S. y MORO, M.R. (2015), "Adoption internationale: le point de vue des adoptés sur leurs appartenances culturelles". *Neuropsychiatrie de l'enfant et de l'adolescent.*

BOWLBY, J. (1978 y 1984), *Attachement et perte* (3 volumes) P.U.F., Colección «Le fil rouge», Paris.

BRETHERTON, I. (1990), "Communication patterns – Internal working models and the intergenerational transmission of attachment relationships". *Infant Mental Health Journal,* 11, 3, pp. 237-252.

CRAMER, B.; PALACIO-ESPASA, F. (1994), "Les bébés font-ils un transfert? Réponse à Serge Lebovici". *La Psychiatrie de l'enfant,* XXXVII, 2, pp. 429-441.

DAVID, M.; APPELL, G. (1973 y 1996), *Loczy ou le maternage insolite.* C.E.M.E.A., Editions du Scarabée, Paris.

Erès (2008), *1001 BB – Bébés au quotidien,* Ramonville Saint-Agne, (prefacio de B. Golse y postfacio de G. Appell).

DIATKINE, R. (1979), "Le psychanalyste et l'enfant avant l'après-coup ou le vertige des origines". *Nouvelle Revue de Psychanalyse,* 19 («L'enfant»), pp. 49-63.

DIATKINE, R. (1994), *L'enfant dans l'adulte ou l'éternelle capacité de rêverie.* Delachaux et Niestlé, Neuchâtel, Paris.

DIATKINE, R. (1994), "Enfance – Le traumatisme". En: *Rivages*, Rouen (Actas de la sixième Journée d'Etude du Groupe Haut-Normand de Pédopsychiatrie, consagrada al tema: «Infancia y traumatismo»).

DORAY, B. (1995), "Carne & Psy". *Le Carnet-PSY*, 6, 1.

FELDMAN, M.; MARTY, F.; MISSONNIER, S.; MORO, M.R. (eds.) (2016), *Enfants exposés aux violences collectives. Impacts et soins*, Toulouse: Erès.

FREUD, S. (1900), *L'interprétation des rêves.* P.U.F., Paris, 1967.

GARMA, A. (1981), *Le rêve - Traumatisme et hallucination.* P.U.F., Colección «Bibliothèque de Psychanalyse», Paris.

GOLSE, B. (1988), "La filiation: sentiment, croyance ou conviction?", *Neuropsychiatrie de l'enfance et de l'adolescence,* 36, 11-12, pp. 461-468.

GOLSE, B. (1998), "Attachement, modèles internes opérants et métapsychologie, ou comment ne pas jeter l'eau du bain avec le bébé?," En Braconnier, A.; Sipos, J. (dirs.), *Le bébé et les interactions précoces*, P.U.F., Colección «Monographies de Psychopathologie», Paris, pp. 149-165.

GOLSE, B. (1999), "L'attachement entre théorie des pulsions et théorie de la relation d'objet", *Le Carnet-PSY*, 6, 1, 1-2.

GOLSE, B. (2000), "La pulsion d'attachement: info ou intox?", En Cupa, D. (dir.): *L'attachement – Perspectives actuelles.* Editions E.D.K., Colección «Pluriels de la psyché», Paris, pp. 119-130.

GOLSE, B. (2001), "Pour grandir: la nécessité d'une histoire", En Bergeret-Amselek, C. (dir.): *Naître et grandir autrement.* Desclée de Brouwer, Paris, pp. 41-56.

GOLSE, B. (2012), "La double étrangeté de l'enfant venu d'ailleurs, accueilli en adoption internationale", *L'autre (Cliniques, Cultures et Sociétés),* 13, 2, pp. 144-150.

GOLSE, B.; MORO, M.R. (eds.) (2014), *Le développement psychique précoce.* Masson, colección «Médecine et psychothérapie».

GUYOTAT, J. (1980), *Mort/Naissance (Etudes de psychopathologie sur le lien de filiation).* Masson, colección «Médecine et Psychothérapie», Paris.

Haag, G. (1985), "La mère et le bébé dans les deux moitiés du corps", *Neuropsychiatrie de l'enfance et de l'adolescence*, 33, 2-3, pp. 107-114.

Haag, G. (1991), "Nature de quelques identifications dans l'image du corps – Hypothèses", *Journal de la psychanalyse de l'enfant*, 10, pp. 73-92.

Harf, A.; Skandrani, S.; Radjack, R.; Sibeoni, J.; Moro, M.R.; Revah Levy, A. (2013), "First parent-child meetings in international adoptions: a qualitative study", *Plos One*, 8 (9): 75300.

Harf, A.; Skandrani, S.; Sibeoni, J.; Pontvert, C., Revah Levy, A.; Moro, M.R. (2015), "Cultural identity and internationally adopted children: qualitative approach to parental representations" *Plos One*.

Hochmann, J. (1997), *Pour soigner l'enfant autiste – Des contes à rêver debout.* Editions Odile Jacob, colección «Opus», Paris.

Lacan, J. (1966), "Fonction et champ de la parole et du langage en psychanalyse". En: *Ecrits*, tome I. Le Seuil, colección: «Points», Paris, pp. 111-208.

Laplanche, J. (1987), *Nouveaux fondements pour la psychanalyse.* P.U.F., colección «Bibliothèque de Psychanalyse», Paris.

Laplanche, J. (1999), "Notes sur l'après-coup". En: *Entre séduction et inspiration: l'homme,* P.U.F., colección «Quadrige», Paris, pp. 57-66.

Laplanche, J. (2002), *Entretien avec Jean Laplanche (réalisé par Alain Braconnier),* Le Carnet-PSY, 70, pp. 26-33.

Lebovici, S. (1994), "La pratique des psychothérapies mères-bébés par Bertrand Cramer et Francisco Palacio-Espasa", *La Psychiatrie de l'enfant*, XXXVII, 2, pp. 415-427.

Lebovici, S. (1998), "L'arbre de vie", En: *L'arbre de vie – Eléments de la psychopathologie du bébé* (obra colectiva). Erès, Ramonville Saint-Agne, pp. 107-130.

Levy-Soussan, P. (2002), "Travail de filiation et adoption", *Revue Française de Psychanalyse*, LXVI, 1, pp. 41-69.

Main, M.; Kaplan, K.; Cassidy, J. (1988), "Security in infancy, childhood and adulthood: a move to the level of representations". En: Bretherton, I.; Waters, E. (eds.), *Growing points of attachment theory and research* (Monografía de la Society for research in child development), 50, 1-2, serial N° 209, pp. 66-104.

MAIN, M. (1998), "Discours, prédiction et études récentes sur l'attachement : implications pour la psychanalyse". En: Braconnier, A.; Sipos, J. (dirs.) *Le bébé et les interactions précoces.* P.U.F., colección «Monographies de Psychopathologie», Paris.

MANDLER, J.M. (1983), "Representation". En: Flavell, J.H.; Markman, E.M. (eds.) *Cognitive development*, Vol. 3 de: Mussen, P. (ed.) *Handbook of Child Psychology*, Wiley, New York, (4° edición), pp 420-494.

MILNER, M. (1976), *L' inconscient et la peinture.* P.U.F., colección «Le fil rouge», Paris.

MILNER, M. (1990), "Le rôle de l'illusion dans la formation du symbole – Les concepts psychanalytiques sur les deux fonctions du symbole", *Journal de la psychanalyse de l'enfant*, 8, pp. 244-278.

MORO, M.R. (2007), *Aimer ses enfants ici et ailleurs. Histoires transculturelles.* Odile Jacob, Paris.

MORO, M.R. (2010), *Nos enfants demain. Pour une société multiculturelle.* Odile Jacob, Paris.

MORO, M.R. (2015), *La violence envers les enfants. Approche transculturelle.* Bruxelles: Temps d'arrêt.

NELSON, K. (1986) *Event knowledge: structure and function in development.* Hillsdale N.J., Lawrence Erlbaum Associates.

QUIGNARD, P. (2002) *Les Ombres errantes.* Grasset & Fasquelle, Paris.

RICOEUR, P. (1983), *Temps et Récit.* Le seuil, Paris.

RICOEUR, P. (1990), *Soi même comme un autre.* Le seuil, Paris.

SCHANK, R.C.; ABELSON, R. (1977), *Scripts, plans, goals and understanding.* Hillsdale N.J., Lawrence Erlbaum Associates.

SEGAL, H. (1957), "Notes on symbol formation", *Int. J. Psycho-Anal.*, 37, 6, pp. 391-397. (Traducción francesa: "Notes sur la formation du symbole", *Revue Française de Psychanalyse*, 1970, XXXIV, 4, pp. 685-696).

SEMPRUN, J. (1994) *L'écriture ou la vie.* Gallimard, colección «nrf», Paris.

Soule, M.; Noel, J. (2004), "L'adoption". En: Lebovici, S.; Diatkine, R.; Soule, M. (dirs.) *Le nouveau Traité de Psychiatrie de l'Enfant et de l'Adolescent.* P.U.F., Paris, (2° edición), pp. 2679-2699.

Stern, D.N. (1989), *Le monde interpersonnel du nourrisson - Une perspective psychanalytique et développementale.* P.U.F., colección «Le fil rouge», Paris.

Stern, D.N. (1992), *Journal d'un bébé.* Calmann-Lévy, Paris.

Stern, D.N. (1993), "L'enveloppe pré-narrative", *Journal de la psychanalyse de l'enfant*, 14, pp. 13-65.

Stern, D.N. (2005), "L'enveloppe prénarrative". En: Golse, B.; Missonnier, S. (dirs.) *Récit, Attachement et Psychanalyse - Pour une clinique de la narrativité.* Erès, Ramonville Saint-Agne, pp. 29-46.

Tardos; David, M. (1991), "De la valeur de l'activité libre dans l'élaboration du Self- Résultats et discussion de quelques recherches de l'Institut Emmi PIKLER à Budapest, Hongrie", Devenir, 3, 4, pp. 9-33.

White, M. (2009), *Cartes des pratiques narratives.* Editions Satas, Sint-Jans-Molenbeek, Belgique.

Winnicott, D.W. (1958) "La capacité d'être seul", En: *De la pédiatrie à la psychanalyse.* Payot, Paris, pp. 205-213

— 3 —
La adopción internacional
La doble extranjería del niño adoptado de otros "lugares"[1]

Bernard Golse

Introducción

De las cuatro mil adopciones realizadas en Francia cada año, tres mil son de niños nacidos en el extranjero, lo que corresponde a tres adopciones internacionales por una nacional. Por lo tanto, la cuestión tiene una importancia cuantitativa y cualitativa, ya que nuestros procesos de adopción deben tener en cuenta esta dimensión estadística.

Después de haber recordado que el niño, biológico o adoptado siempre lleva una parte de extrañeza para los adultos que lo reciben y lo crían, diremos algunas palabras de las representaciones mentales de los adultos en cuanto al niño o la niña, antes de abordar el tema de la dinámica psíquica que se desarrolla en el marco del procedimiento de acreditación.

El niño, ese extranjero permanente

Todo niño que llega a una familia perturba el orden relacional que lo preexiste, y es importante que así sea, si no ¿para qué nacer o llegar a una familia? Lo opuesto sería preocupante, porque un niño que no perturba nada sería un niño no investido

---

1. Artículo publicado originalmente en francés en *Archives de pédiatrie* (2011, 18, 723-726) bajo el título "A propos de l'adoption internationale : la double étrangeté de l'enfant venu d'ailleurs".

por su entorno, un niño cuya existencia no se tiene en cuenta. La negación de la existencia da lugar a una gran afrenta narcisista.

En la mayoría de los casos, se trata de una "perturbación" estructurante, que da lugar a lo que se ha llamado una crisis de identidad familiar. Todos deben encontrar o reencontrar nuevas marcas identificatorias: los padres, los posibles hermanos o hermanas mayores, e incluso abuelos y otros familiares cercanos a la familia nuclear. En algunos casos extremos y patológicos, esta revisión psíquica intrafamiliar resulta perjudicial, debido al sufrimiento psíquico de un miembro particular del grupo, que no logra integrar la llegada del nuevo integrante.

La llegada de todo niño o niña, ya sea biológico o adoptado, es portador de una parte de extrañeza, e incluso de una doble extrañeza en el caso de la adopción internacional.

Cada niño representa un lugar de *elección* para las proyecciones parentales que son estudiadas, actualmente, en el contexto de la psiquiatría del bebé (Álvarez y Golse, 2008; Cramer y Palacio-Espasa, 1983; Missonnier, 2003). Estas proyecciones *originadas* en los mandatos trans-generacionales inconscientes (Lebovici, 1994), convierten al niño en el receptáculo de ciertas partes del inconsciente parental, que representan, esencialmente, una parte de nuestra psique, "*extranjera*" a nosotros mismos, según la expresión de J. Kristeva (1988).

Todo niño, incluso uno biológico, se presenta como un extranjero, un extraño que tendrá que ser adoptado a lo largo de toda su vida, y que tendrá que adoptarnos para que se establezca un sentimiento de pertenencia mutua y recíproca y se instaure de manera duradera.

"El niño de otro lugar" es portador, a través de la adopción internacional, de una doble extranjería, porque a esta extrañeza fundamental ligada a la proyección sobre él de nuestro propio inconsciente se agrega la ligada a su origen geográfico distante y su apariencia étnica a veces muy diferente de la de sus padres adoptivos. La elección del término "extrañeza" se refiere al concepto de "inquietante extrañeza" (lo siniestro) que S. Freud propuso para evocar la perplejidad que nos atrapa frente a ciertos objetos, o frente a ciertas situaciones cuya dimensión de lo viviente, de lo humano o lo parecido a nosotros mismos, nos interpela profundamente, causando cierta ansiedad (1971).

"El bebé en la cabeza" de los adultos

Se trata de representaciones mentales sobre el niño, o sobre la infancia, y que se organizan gradualmente en la psique, es decir, en las cabezas de los adultos (padres o profesionales).

El concepto de "niño imaginario" ha sido desarrollado por S. Lebovici (1994) en sus cuatro aspectos principales: el niño fantasmático, el niño soñado, el niño narcisista y el niño mítico o cultural.

El niño fantasmático corresponde a un grupo de representaciones inconscientes, muy profundamente inscritas en la psique de cada uno, que se han constituidos a lo largo de la existencia y que remiten a las representaciones que cada uno tiene de los bebés y de los niños.

El niño soñado corresponde a un grupo de representaciones conscientes o preconscientes forjadas por la pareja de los padres tan pronto como se conocen y comienzan a elaborar un deseo de hijo con todas "las reveries" que se le atribuyen.

El niño narcisista es el que tiene la misión de hacer todo mejor que nosotros, de compensar nuestras esperanzas, nuestras ilusiones perdidas y nuestras expectativas rotas... Es el niño que vendrá a reparar nuestros posibles fracasos, a prolongarnos más allá de nuestros límites y de nuestra propia finitud, pesada carga, siempre ambivalente.

El niño cultural corresponde a las representaciones colectivas que una sociedad o grupo sociocultural, en un momento dado de su historia, concede a los niños y la infancia. Sabemos hoy que en nuestras sociedades occidentales, a menudo el niño es percibido como valioso, raro, tiene que ser perfecto, llegar cada vez más tarde a la vida de la pareja y lograr ser lo más rápidamente posible un Ser autónomo.

El niño imaginario y *el niño real* no son superponibles. Siempre hay una brecha entre ellos que no debe ser ni demasiado pequeña ni demasiado grande, de modo que lo inesperado pueda ser integrable. Sin embargo, estas diferentes representaciones que conforman el niño imaginario tienden a fijarse con el tiempo. Cuanto más esperamos algo específico, más nos arriesgamos a decepcionarnos.

Como los padres adoptivos son, en la gran mayoría de los casos, significativamente mayores que los padres biológicos (debido a un largo camino de asistencia médica a la procreación, vinculado a su infertilidad), el riesgo de una gran brecha entre el niño real (el niño de carne y hueso) y el niño imaginario puede ser incrementada. La larga espera de un niño, en sí misma e independientemente de la edad de los padres, pueden acentuar dicha brecha.

El riesgo es aun mayor en el caso de la adopción internacional debido a la doble extrañeza mencionada anteriormente.

El "embarazo psíquico" de los candidatos a adoptar

Bajo el término "embarazo psíquico" nos referimos al conjunto de representación que se juegan en las cabezas de los futuros padres durante el embarazo físico de la madre. Estas reorganizaciones preparatorias parecen ser necesarias para dar la acogida al recién nacido en condiciones psicoafectivas satisfactorias, a fin de establecer una distancia justa (ni demasiado pequeña ni demasiado grande) entre el niño real y el niño "imaginario".

Nuestra hipótesis es que el proceso de aprobación de la adopción permite, en los casos favorables, dar a los candidatos, futuros padres, la oportunidad de vivir un equivalente de este embarazo psíquico a pesar de no estar embarazados físicamente. Esto se revela favorable para el recibimiento del niño que será adoptado.

En Francia, la duración máxima de este proceso de aprobación se ha fijado simbólicamente en nueve meses (entre la fecha de apertura del archivo y la de la reunión del comité de aprobación), lo cual nos parece oportuno en el sentido de considerar este período del proceso de aprobación de la adopción, como un período de "embarazo psíquico".

Está claro que algunos candidatos para adoptar un niño o niña, estimulados por la intensidad de su deseo de tener un hijo, consideran estas disposiciones pesadas y dolorosas.

En realidad, muchos candidatos tienen una opinión menos negativa y consideran que este período del proceso de acreditación tiene un efecto beneficioso para ellos, permitiéndoles formularse preguntas que no habían pensado aún e invitándolos a precisar su proyecto personal y a formularse sus propias expectativas de forma más dinámica.

A la luz de nuestra experiencia en el Consejo Superior de Adopciones, y como psiquiatra infantil del mismo, recibimos regularmente candidatos para adopción en una consulta centrada en los problemas de filiación (Asociación Phymentin).

La hipótesis que nos gustaría defender aquí es que, en casos favorables, este período del proceso de aprobación de la adopción, puede tener el valor de "embarazo psíquico" para los futuros padres adoptivos y que reviste entonces un papel muy importante, a fines de preparar una recepción constructiva del niño que se les encomendará (en caso de adopción otorgada).

Nos parece que las diversas entrevistas ofrecidas a los candidatos y llevadas a cabo por profesionales de diferentes orígenes, les ofrecen la oportunidad cuando están bien dirigidas, es decir, sin ninguna dimensión de poder, inquisición o juzgamiento de crear un espacio de libertad para dar lugar a las diferentes representaciones mentales del "niño imaginario", así como también a los diferentes temas que surjan.

No hay, por supuesto, ninguna receta técnica que pueda darse. Cada profesional intervendrá con sus propias referencias, su tacto personal y su particular sensibilidad al problema de la adopción.

La narración de los padres sobre la historia de su proyecto de adopción (sus motivaciones, sus vínculos con su propia historia, sus vivencias...) es susceptible de favorecer su acceso a la parentalidad y de poder aclarar sus representaciones, originadas en su propia infancia y que se encuentran en el corazón mismo de la dinámica del proceso de adopción; el pediatra eventualmente consultado puede también trabajar en este sentido.

De esta manera, la brecha entre el niño imaginario y el (futuro) niño real va a poder ajustarse dando lugar a la aceptación de lo imprevisto.

Se trata, en cierta forma, de la "transparencia psíquica" descrita por Bydlowski (1991, 2000) que, en los casos más felices, va a poder ser considerada como un índice precioso y conmovedor de la eficacia del proceso de aprobación de la adopción.

Bajo el término "transparencia psíquica" se entiende a la disminución de las resistencias psíquicas, que se observa a menudo durante el último trimestre del embarazo, y que da lugar a que una serie de elementos psíquicos generalmente reprimidos por la madre puedan surgir y volverse conscientes. Este material relacionado con la primera infancia de la mujer concierne particularmente los conflictos con su propia madre.

Este proceso, que es bastante frecuente en la dinámica psíquica del embarazo biológico, también se puede observar, en algunos casos favorables, en el núcleo del proceso de aprobación para la adopción. Por supuesto, en caso de adopción, el proceso no se juega entre un niño en el vientre y un niño en la cabeza, sino entre un niño en la cabeza y un niño real aún en otro lugar, que, mutatis mutandis, pueda ser que tenga algunas analogías.

Finalmente, a veces sentimos que estas entrevistas, y especialmente si tenemos la oportunidad de repetirlas, van a desarrollarse como momentos comparables a los "touchpoints" ("puntos de contacto") de T.B. Brazelton (1993), lo que consideramos importante.

Los "Touchpoints " han sido descritos por Brazelton en el curso de los primeros años de vida como momentos particulares del desarrollo del niño en los cuales tiene lugar un movimiento evolutivo específico, ofreciendo una ventana de acción particularmente eficaz en cuanto a una posible reorganización de los vínculos y relaciones que se establecen entre el niño y sus principales socios interactivos (padres y hermanos).

Todo sucede aquí como si el proceso de aprobación de la adopción, diera acceso a uno (o más) punto(s) de contacto ("touchpoints") durante el período precedente a la llegada del niño, ya sea entre sus futuros padres y su hijo (todavía) imaginario, siendo equivalente a la imagen del "touchpoint prenatal" que se observa, a menudo, al final del embarazo biológico, y que se relaciona precisamente con la transparencia psíquica mencionada anteriormente.

Conclusiones

En la actualidad, el proceso de aprobación de los solicitantes para la adopción ya no se puede pensar sin hacer referencia a todo lo que hemos aprendido sobre el proceso de la parentalización.

El período del proceso de otorgamiento de la adopción puede ser concebido en nuevos términos que lo convierten en el equivalente de un auténtico "embarazo psíquico".

Esta visión dinámica de esta situación particular es ahora una parte integral de la psiquiatría perinatal, y más específicamente del período prenatal de la misma, implicando tanto a la futura madre como al futuro padre en la perspectiva de un encuentro fructífero con el niño que se convertirá en propio.

Este "embarazo psíquico" del proceso de otorgamiento es aun más valioso en el caso de la adopción internacional, por lo que requerirá un ajuste delicado entre los padres adoptivos y el niño venido de otro lugar.

No hace falta decir que el acompañamiento a los padres, más allá del período de otorgamiento, a menudo es útil y aún tenemos que pensar en lugares de escuchas de los padres, que sean fácilmente accesibles para ellos, después de la llegada del niño, ya que el proceso de adopción demuestra, finalmente, ser un proceso crónico que se desarrolla en el tiempo.

Bibliografía

ÁLVAREZ, L.; GOLSE, B. (2008), *La Psychiatrie du bébé.* P.U.F., colección «Que sais-je?», Paris.

BRAZELTON, T.B. (1993), *Points forts – Les moments essentiels du développement de votre enfant de 0 à 3 ans.* Editions Stock, Paris.

BYDLOWSKI, M. (1991), "La transparence psychique de la grossesse". *Etudes freudiennes,* 32, 2-9.

BYDLOWSKI, M. (2000), *Je rêve un enfant - L'expérience intérieure de la maternité.* Editions Odile Jacob, Paris.

CRAMER, B.; PALACIO-ESPASA, F. (1983), *La pratique des psychothérapies mères-bébés - Etudes cliniques et techniques.* P.U.F., colección "Le fil rouge", Paris.

FREUD, S. (1971), "L'inquiétante étrangeté". En: *Essais de Psychanalyse appliquée.* Gallimard, colección «Idées», Paris, pp. 163-210.

KRISTEVA, J. (1988), Etrangers à nous-mêmes. Fayard, Paris.

Lebovici, S. (1994), En l'homme, le bébé. Flammarion, colección «Champs», Paris.

Missonnier, S. (2003), *La consultation thérapeutique périnatale – Un psychologue à la maternité.* Erès, colección «La vie de l'enfant», Ramonville Saint-Agne, 10-12.

— 4 —
Crecer en un mundo abierto, ¡una suerte![1]

Marie Rose Moro

En nuestras consultas en Francia, como en muchos otros países, recibimos cada vez más a los hijos de familias de inmigrantes. Con las migraciones internacionales, las familias llegan del Magreb, África negra, países del sur de Europa, del sudeste asiático, de Turquía, de América Latina pero también de Europa del este, de Sri Lanka... y pueden venir de diferentes países en función del contexto donde uno trabaja. Los motivos de consulta son múltiples y entrelazados: a los sufrimientos de los niños, pueden añadirse disfuncionamientos psíquicos individuales y familiares, dificultades de inscripción en la sociedad actual, dificultades de los aprendizajes escolares, dificultades económicas, historias de hostigamiento político en el país de origen y hasta, a veces, las circunstancias de la acogida en Europa, el rechazo, el racismo... Todos estos factores se entremezclan en un mismo niño, una misma familia. Es con frecuencia difícil definir simples causalidades. A las dificultades de comprensión lingüística se suman las de compartir las representaciones culturales de la familia y de aceptar sus formas de pensar y actuar.

La labor cotidiana con las familias migrantes y sus hijos nos enseña la fuerza de estas formas de pensar que se mestizan con las nuestras y el impacto del viaje migratorio, potencialmente

---

1. Texto publicado originalmente en francés en el libro *Grandir en situation transculturelle* (2010) Temps d'Arrêt Lectures, Ed. Fabert.

traumático, para la familia y los niños. A priori, se distinguen dos situaciones: el niño nace en su país de origen y luego realiza el viaje migratorio, o bien nace en el país de acogida en el seno de una familia de inmigrantes. La mayoría de los niños que llegan a consulta han nacido en el país de adopción donde tendrán que crecer y quedarse –es a ellos a quienes dedico la mayor parte de este texto–; otros han nacido en su país y crecen aquí. Otros crecen en diferentes países porque sus padres viajan o han adoptado los niños en otro país. Otros, por fin, crecen en un país donde hay muchos cambios y varias influencias culturales y sociales. Al final del texto distinguiremos varias situaciones en función de la edad.

De la misma manera que la sociedad toma decisiones para sus niños que se traducen en orientaciones sociales y políticas, también es importante defender lo que los niños y los padres necesitan para que ello pueda reflejarse en decisiones colectivas que les ayuden a crecer lo más felizmente posible y a encontrar lo que ellos necesitan. Esto es aun más necesario ya que estos niños viven en situación de vulnerabilidad como, por ejemplo, la situación transcultural: nacer y crecer en un país que no es el país donde crecieron los padres y en el que se habla a menudo otro idioma, donde existen otras representaciones sobre los niños y sus padres y otras expectativas.

De aquí que en estos últimos años haya surgido en el mundo una auténtica clínica transcultural para los niños de migrantes y para todos los que, por una u otra razón, pasan por estructuraciones familiares, idiomas o mundos diferentes: hijos de parejas mixtas, niños nacidos en otros países que el país de los padres adoptivos, niños custodiados lejos de la familia, niños viajeros...

La clínica transcultural que se desarrolla particularmente en Europa, Canadá y Estados Unidos tiene consecuencias en el trabajo social, educativo y escolar. Esta clínica permite entender y ayudar mejor a todos los niños que viven hoy en día en familias extensas, separadas o reconstituidas que deben aprender a pasar de una lógica a otra, de una familia a otra, y que se relacionan por ejemplo con varias mujeres o varios hombres que asumen las funciones parentales.

La perspectiva transcultural nos ayuda a pensar las formas de hacer y educar a los niños en las sociedades contemporáneas en transformación.

Mil y una formas de representarse a los niños

La manera en que se piensa acerca de la naturaleza del niño, sus necesidades, expectativas, modalidades de los cuidados, modelos de aprendizaje... son ampliamente determinadas por la sociedad a la cual se pertenece.

Los aportes de Devereux (1968), el fundador del etnopsicoanálisis, nos servirán de base para construir una perspectiva transcultural, y contribuyen ampliamente al establecimiento de esta nueva disciplina de suma importancia para los que trabajan con niños de familias procedentes de múltiples horizontes. Su obra se sustenta en trabajos de antropólogos y de clínicos elaborados en sociedades no occidentales.

Durante mucho tiempo Devereux estuvo influenciado por el culturalismo americano del que Mead es una de sus representantes. Sin embargo, aquél fue el primero en proponer una formalización teórica, fundamentada tanto a nivel psicoanalítico como antropológico, para luego articular de forma clara y precisa las representaciones sobre la naturaleza del niño, por una parte y, su manera de estar enfermo y ser atendido, por otra. Esto es valido tanto para enfermedades somáticas como psíquicas, dado que en las sociedades tradicionales no existe una diferencia clara entre ambos niveles: cuerpo y psique están íntimamente ligados al grupo de pertenencia y la sociedad que los contiene.

En 1968, Devereux dio una conferencia muy importante en la que intentaba demostrar el impacto cultural y sus repercusiones clínicas, lo cual aún hoy tiene evidencia epistemológica pero no se ha demostrado todavía la evidencia clínica.

El objetivo de este escrito *princeps* de Devereux[2] era poner en evidencia la influencia sobre la concepción cultural y psicológica que dos sociedades tradicionales tienen sobre el niño. De forma más precisa, demuestra, por medio de dos ejemplos, que la mirada de los adultos sobre el niño, es decir: "...las ideas acerca de la naturaleza y del psiquismo del niño, determinan su comportamiento hacia el niño y al hacerlo, influyen sobre su desarrollo".

---

2. Devereux, 2004. Este texto se deriva de la conferencia presentada en la agrupación francesa de estudios de neuropsicopatología infantil.

Deveureux analizó dos ejemplos: los sedang del Vietnam del sur y los mojave de Estados Unidos.

Para entender el impacto de las representaciones sobre el comportamiento de los adultos y el desarrollo del niño, Devereux propone una distinción entre dos niveles de realidad: establece la diferencia entre la realidad y la realidad psíquica (fantasmática). Devereux introduce una dicotomía entre lo que es comportamiento infantil –maduración de un organismo biológico y psíquico aun no acabado– y lo que es pueril, es decir, un comportamiento social e individual aprendido. Desconocer esta distinción es correr el riesgo de no entender la complejidad de los niveles en juego en el estudio del niño. El ejemplo utilizado para diferenciar lo infantil de lo pueril es el del período de latencia –que no existe en los mojave o los sedang, pero sí en la sociedad occidental–, momento en que la curiosidad del niño se invierte en los aprendizajes escolares (epistemiofilia). En cambio, los comportamientos relacionados con la etapa oral, anal, fálica y edípica están vinculados al registro infantil.

Así, Devereux demuestra que la imagen que la sociedad tiene acerca del niño y la experiencia de vida que determina influye en el pensamiento psicológico general de los miembros de la sociedad y al mismo tiempo desempeña un papel en las modalidades del desarrollo y cuidados del niño. De estos primeros trabajos nació una nueva disciplina, el etnopsicoanálisis, también llamada etnopsiquiatría, que cuenta con la dimensión psicoanalítica y antropológica para tratar aquellos que llegan de sociedades no occidentales (Nathan, 1986; Moro, 1994, 1998). En la actualidad, en Europa, preferimos llamar a esta perspectiva transcultural para aplicarla no solo a la clínica, sino también a todas las disciplinas que intentan cambiar su mirada, introduciendo la antropología o la lingüística en su forma de pensar y hacer.

Devereux terminaba su conferencia con una advertencia que sigue siendo de actualidad: ¡esto también pasa en nuestra propia sociedad donde las representaciones colectivas influyen ampliamente en la atención médica, social y educativa del niño!

¿Cómo hacer entonces cuando nuestro sistema de salud y cuidados se dirige a niños y sus familias que no comparten este mismo tipo de representaciones? Es necesario estudiar los ejemplos sacados de otras áreas culturales, frecuentes en la migración en Europa, para luego analizar, de forma argumentada, las modificaciones resultantes de la migración y la confrontación entre dos sistemas de representaciones en el trabajo con niños migrantes y sus familias.

Tomemos algunos procesos culturales activos en el oeste de África[3].

Ejemplos de lógicas culturales

Gracias a un gran número de trabajos antropológicos[4] o clínicos[5] se pueden describir algunas lógicas que parecen estructurar las representaciones centradas en torno al niño y las técnicas terapéuticas resultantes.

En África Negra en general, y más particularmente en el oeste de África, el neonato es considerado un extraño que los padres deben acoger, aprender a conocer, humanizar, en resumen: adoptar. De esta manera, el niño no pertenece a la pareja de los progenitores, es un individuo singular que, en su inicio, tiene más vínculos con el mundo invisible que con los humanos. También encontramos esta idea en los mossi de Burkina Fasso, en los wolof, en los lebou y los sereres de Senegal, pero también en Costa de Marfil o los mina de Togo...

Esta manera tan particular de concebir al niño se completa con una serie de actos y rituales que deben cumplirse para mantener al niño en el mundo de los humanos. El corolario de esta concepción es que el feto ya es un ser humano completo con una identidad por descubrir y no para dar forma. Por esta misma razón, es sumamente importante "nombrar bien" al niño, es decir,

---

3. Desde un punto de vista antropológico conviene analizar en detalle cada grupo dentro de su singularidad. Por el bien de la simplicidad, proponemos aquí una lectura transcultural que conserva sólo algunas lógicas en común para la mayoría de los grupos culturales del oeste de África, los más importantes en la migración en Europa (Soninké, Wolof... de Mali y Senegal). Para un estudio más detallado de estos mecanismos en África negra, cf. Moro, Nathan et Rabain-Jamain (1989).
4. Cf. Bonnet (1988), Lallemand et coll. (1991) o Rabain-Jamain y Womham (1990)
5. Para más ejemplos, cf. Nathan, Moro (1989) o Moro (1994).

identificar cuanto antes su verdadera naturaleza porque un nombre no adaptado puede enfermar a un niño o, peor aun, incitarle a irse. Así, será preciso responder de forma inmediata a varios tipos de preguntas: ¿quién es este niño?, ¿de dónde viene?, ¿a quién pertenece? Preguntas que serán reformuladas si algún disfuncionamiento aparece en el mismo niño o en su relación con su madre o su grupo.

Estas preguntas aparecen en los complejos procesos de nombramiento que empiezan incluso antes del nacimiento del infante. Estos procesos conciernen al conjunto de la familia e integran también los acontecimientos que ocurren en los primeros días de vida del bebé. La estrecha relación entre el nombre y la persona implica ciertas consecuencias: uno de los nombres o los tres que puede haber recibido el bebé podrán permanecer ocultos o ser reemplazados por un sustituto; incluso los nombres pueden ser modificados por un curandero cuando el niño enferma.

En el proceso migratorio, la realización de este complejo proceso de nombramiento que implica a todo el grupo familiar es mucho más difícil.

Los bebés y sus padres: el desafío de la parentalidad

A partir de las migraciones y sus consecuencias en cuanto a las trasmisiones de las técnicas de cuidado materno, empezaron a realizarse trabajos específicos sobre migrantes en Europa. Sin embargo, todos se realizaron prácticamente siguiendo una óptica comparativa y en una población no seleccionada donde no existe el compromiso de una relación terapéutica entre el investigador y los sujetos del estudio.

Distinguiremos entre estos trabajos, realizados a menudo con una metodología distinta y con objetivos diferentes, tres series de estudios significativos referidos al bebé y sus padres:

- Los trabajos de la antropóloga Jacqueline Rabain-Jamin, quien después de un largo tiempo trabajando en África, realizó una encuesta entre los años 1985 y 1987 sobre las prácticas de los cuidados en la familias de inmigrados en Francia –encuesta

que llevó a cabo con una pediatra, Wendy L. Wornham (1990) en los centros de protección materno-infantil (P.M.I.).
- Los trabajos de la psicóloga Blandine Bril y colaboradores (1989) que exploran básicamente el desarrollo cognitivo, sensoriomotor y psicológico de los niños en África y en Francia.
- Por último, los trabajos de Hélène Stork (1986): prosiguiendo sus trabajos en la India, Stork comparó las técnicas de cuidado materno en la India y en Francia, en las familias soninké de Mali que viven en Francia.

Proteger los bebés y cuidarlos

La encuesta de Rabain y Wornham tenía la finalidad de analizar las prácticas de los cuidados de los bebés de las madres migrantes que provienen del oeste de África y que viven en Francia. Entre las 26 madres encuestadas, aproximadamente 10% eran soninké, 8% bambara, 3% wolof, 3% manding, y 1% diola. La técnica utilizada para la investigación consistía en observaciones y entrevistas a domicilio.

La práctica de los cuidados

Los autores constatan que la madre migrante está sometida a exigencias contradictorias que son el testimonio de incertidumbres e inquietudes: "la madre está en una situación compleja al tener que interiorizar a la vez los valores de la sociedad de adopción al mismo tiempo que trasmite los valores tradicionales" (p. 291).

- Las técnicas de masajes: de las mujeres encuestadas, ocho no efectúan ningún masaje. Entre las que sí lo practican, los autores señalan que el masaje pierde poco a poco su carácter ritualizado, ya que es realizado en la intimidad y sólo por la madre –tradicionalmente es dado por la madre o la suegra. Las autoras proponen la hipótesis de que las jóvenes madres tienen dificultades para apropiarse de una técnica cuya puesta en ejecución no les pertenece tradicionalmente.
- El porteo sobre la espalda: todas la mujeres del estudio portan su niño en la espalda en el hogar, incluso las que utilizan en

el exterior el material occidental (carrito, "canguro"...) (son quince las madres que utilizan estas modalidades occidentales de portar de forma ocasional o sistemática). Llevar al niño en la espalda en un sitio público puede ser considerado peligroso ya que atrae la mirada de los extraños sobre el niño y se teme una mirada envidiosa.

- El contacto físico madre/padre hijos: es muy importante la cantidad de estimulaciones físicas y sobre todo vestibulares, y el tiempo de exploración de los objetos es débil. Por ejemplo, en tres niños observados de forma más precisa, el tiempo de contacto físico con un holding total del niño corresponde al 90% de los intercambios a los seis meses. Encontramos entonces la riqueza de las estimulaciones vestibulares y motoras descritas en la literatura antropológica y observada parcialmente en situación migratoria en la que se mantienen las técnicas tradicionales. Para las demás, los parámetros como, por ejemplo, el avance de la marcha ya no se detecta o disminuye.

Actitud hacia las técnicas terapéuticas y a su disposición

En los cuidados propiciados al niño por sus padres, vecinos, amigos y curanderos, ¿cuánto hay de medicina occidental y cuánto de medicina tradicional transmitida? Con respeto a las modalidades de puericultura, los autores constatan que sólo el conocimiento relativo al uso del biberón se reconoce como adquirido gracias a la enseñanza realizada por la maternidad o la Protección Materno-Infantil (p. 310). Todo lo demás es trasmitido por los padres o las otras mujeres que hablan el mismo idioma... cuando estas personas están presentes en el entorno familiar. De lo contrario la carencia y la incertidumbre son muy frecuentes. Esto coincide con nuestra experiencia.

En cuanto a los cuidados ofrecidos por los hospitales y los centros de Protección Materno-Infantil (P.M.I.) su eficacia es generalmente reconocida. Al mismo tiempo, muchas de las actitudes que adoptan, corresponden a las prácticas terapéuticas tradicionales.

De esta manera, observan una asociación posible de las dos modalidades –por ejemplo, los niños toman los medicamentos recetados por los médicos y paralelamente se les prepara decocciones de hojas (canicen para los soninké) que se usan en absorciones o en abluciones. De manera que realizan una selección de indicaciones: para el resfrío, fiebre, diarrea se consulta un médico; para llantos repetidos, agitación nocturna, confían en la tradición porque se infiere la visión del djinn (espíritu musulmán) o del dömm (brujo antropófago entre los wolof)...

Se observa también una asociación de los esquemas de interpretación: a la brujería, por ejemplo, que es un esquema interpretativo tradicional evocado a menudo, puede añadirse a otra causa: "el niño puede, dicen, contraer una enfermedad común como el sarampión pero, si se añade a acciones de personas malévolas, la enfermedad será más fuerte" (p. 313).

No se excluye el recurso del viaje a África para "curarse", cuando la terapia occidental no puede aportar soluciones satisfactorias o cuando los interrogantes permanecen sobre el origen de la enfermedad.

Partiendo de estos indicios, los autores concluyen entonces que la adopción de un sistema de cuidados occidentales no parece modificar el sistema tradicional subyacente de interpretaciones sobre la enfermedad "que hace de ella la expresión de un desorden que alcanza la totalidad del sistema familiar" (p. 316).

Comparar el desarrollo infantil

Bril y Zack han destacado las transformaciones de las prácticas de cuidado materno en las mujeres bambara inmigradas en Francia mediante una serie de entrevistas a las madres y un estudio etológico comparativo (bebés de familias francesas y familias malienses que viven respectivamente en Francia y Mali).

Estos investigadores utilizan el concepto nicho de desarrollo de Super y Harkness (1986). Este concepto designa los sucesivos entornos (materiales y humanos) que permiten los cuidados y los aprendizajes adaptados a cada niño en una cultura dada. Cada cultura da forma a los métodos que hacen que el niño adquiera las competencias intelectuales y sociales, el saber y las habilidades (*savoir-faire*) que ella valoriza. El nicho del desarrollo resultaría de tres subsistemas que interactúan: el entorno físico y social que rodea al niño, los métodos de puericultura y las representaciones que tienen los adultos cuidadores sobre el desarrollo.

Partiendo de esta concepción junto con una metodología basada en video grabación, llevaron a cabo una serie de cinco observaciones en las familias inmigrantes de la región parisina. Comparadas con las filmaciones realizadas en Mali se pone de manifiesto la existencia de diferencias:

- Una estructuración diferente del espacio –un espacio estrecho y una ausencia de vida comunitaria hacen difícil la vida familiar y social de las mujeres inmigrantes.
- La estructura familiar nuclear conlleva una soledad acentuada en la madre quien, por otra parte, debe renunciar a sus actividades económicas tradicionales en el área rural.
- El uso del orinal se hace más tarde. En Mali ocurre cuando el niño empieza a andar; aquí, al principio de la escolarización.
- El destete en nuestra sociedad ocurre alrededor de a los once meses, o sea más temprano que en Mali pero tardío para el modelo francés. Por otra parte, todos los niños tienen la experiencia del biberón.
- Las representaciones tradicionales acerca del niño y su desarrollo sufren perturbaciones por la confrontación con el grupo médico-social, que es a menudo el único interlocutor y que ignora o, peor aun, niega dichas representaciones y desconoce la especificidad de los tipos de cuidados maternos de las mujeres migrantes. Tanto es así que "estas jóvenes mujeres tienen dificultades para reconstituir por sí mismas las representaciones acerca del niño que les permitan una síntesis entre los dos sistemas de pensamiento" (p. 37).

La cultura participa en la prevención psicológica precoz

Antes de analizar los trabajos específicos de Stork sobre la comparación del cuidado materno en la India o Mali, es necesario exponer brevemente su gran estudio de psicología transcultural sobre las prácticas de los cuidados infantiles y las interacciones entre las madres y sus bebés en el marco de la familia extensa hindú en el sur de la India. Todos sus estudios tienen un mismo método y objetivo.

Su enfoque se inscribe en una preocupación de prevención psicológica temprana. En efecto, en su trabajo en los suburbios parisinos le impactó el elevado indicio de morbilidad en la primera infancia y la gran cantidad de trastornos en la adolescencia. Esto es atribuido a un malestar en las sociedades industrializadas y a los riesgos de criar a los niños en las sociedades modernas. Y por este motivo decidieron comparar las prácticas de cuidados maternos en diferentes culturas. Este interés la acerca a las preocupaciones de Mead (1963) quien había atacado a la sociedad americana y sus prácticas de crianza en nombre de la comparación de los datos de su estudio de los manus. Por ejemplo, Mead reprochó al sistema americano la falta de disponibilidad paterna hacia el niño. Ella quería demostrar que ciertos modos de crianza se vuelven inestables no sólo en relación a los objetivos sociales perseguidos, sino también y especialmente en relación con las necesidades de los bebés. Es más bien esta última consideración la que guía a Stork.

Las observaciones de Stork se sustentan en dos postulados de base-marco de las observaciones:

> "Las concepciones que los adultos de una sociedad dada tienen sobre el desarrollo y la salud del niño influyen sobre su comportamiento y el tipo de cuidado que recibe. Los estilos interaccionales entre adultos y niños así determinados influencian el desarrollo y la socialización de los mismos." (p. 14)

En el sur de la India, Stork adoptó una metodología "global" en el estudio del vínculo madre-hijo en su contexto: estudio de textos antiguos, observación directa de las interacciones entre la madre y su bebé, grabaciones de los cuidados en la pequeña infancia.

Con el mismo método de microanálisis, ella compara la escena de baño del bebé en una familia tradicional francesa, una familia soninké viviendo en París y una familia hindú en la India. De esta comparación resultan dos principales diferencias:

1. en Francia las interacciones madre-hijo son más bien distales a través de la voz y la mirada;

2. en la India, éstas son más bien proximales a través del tacto y los intercambios cenestésicos.

La madre migrante soninké estimula a su bebé privilegiando masivamente la vía vestíbulo-laberíntica que procura al bebé una impregnación rítmica precoz. La investigación señala además la riqueza de los contactos táctiles.

Cabe señalar la importancia de las estimulaciones cenestésicas efectuadas por la madre a través de movimientos corporales externos caracterizados por un ritmo y una cronología relacionados con la forma de llevar al bebé, el acuñamiento, y un conjunto de estimulaciones psicomotoras... importantes para la estructuración psíquica del niño.

Los bebés de parejas mixtas, los bebés nacidos en el exilio, y los educados por las niñeras

Esta multiplicidad de formas de pensar y de hacer es válida para las familias de migrantes, pero también para todos los que, por una u otra razón están confrontados a la diversidad y para los bebés nacidos en familia formadas por parejas mixtas. En este último caso, cada uno se representa al bebé a su manera, su ser, sus necesidades, su lugar, sus afiliaciones, y no sólo en términos individuales sino también colectivos. En nuestra casa, en vuestra casa... A menudo es necesaria la creación de un tercer espacio que transcienda y también cruce las pertenencias y las maneras de ver y de lidiar con las relaciones de poder constante que aparecen en momentos de crisis.

Algunas veces, para evitar el conflicto de pertenencia, uno escoge un tercer espacio diferente donde se espera comenzar de nuevo, crear un bebé de nuevo. No obstante, en este tercer lugar uno proyecta también sus fantasmas individuales y colectivos; o sea, traemos nuestro equipaje. A veces, se esconden debajo de la cama, durante el tiempo de la pasión que abraza las pertenencias, pero en el curso de la vida cotidiana traerá preocupaciones: con un niño no se hace de esta manera, se hace más bien de esta forma... un niño debe ser circuncidado, una niña debe llevar aretes desde el nacimiento...

El mestizaje en la pareja obliga a anticipar y negociar lo que podría crear problemas para los niños o para las familias. El período que rodea el nacimiento del niño es el momento propicio para hacer este trabajo de mestizaje en el cuerpo del niño. Hasta entonces, se trataba de una yuxtaposición entre personas y mundos; en la llamada pareja mixta, cada uno podía quedarse con lo que necesitaba y compartir o hacer público sólo lo que era importante para él. El niño de una pareja mixta encarna este mestizaje y obliga a pensarlo y hacerlo vivir. Es el nacimiento del niño que configura el mestizaje, lo "presentifica" y vivifica.

El mestizaje de la pareja puede referirse a los orígenes culturales o sociales de cada uno como a sus creencias religiosas o ideológicas. En todas estas pertenencias, hay diferencias, a veces parecen pequeñas y hasta ínfimas, otras veces parecen importantes; pero se trata de una ilusión óptica, ya que estas diferencias, pequeñas o grandes, tienen las valencias que en ellas se proyectan. En el encuentro, estas diferencias pueden parecer secundarias a los ojos del hombre y/o de la mujer pero, en un momento de crisis o un momento significativo para uno de los dos, o, por ejemplo, en el momento de la separación o del divorcio, estas diferencias se hacen muy grandes porque las dos personas involucradas, en un momento diferente de la relación las invisten como tales. De la misma manera, estas diferencias también pueden ser consideradas importantes por el entorno, mientras que la pareja puede negociar en armonía hasta el momento en que la mirada de los demás se vuelve significativa para uno u otro. No es solo una cuestión de diferencias antropológicas o religiosas sino de representaciones ontológicas, etiológicas o de forma de hacer que constituyen un sistema de significados personal y, por lo tanto, reelaborados por los sentimientos y los conflictos de cada uno.

El nombre de los niños suele ser el teatro de estas discusiones y del miedo del otro o de su forma de ver. ¿Habrá que darle un nombre magrebí en caso de pareja mixta franco-magrebí por ejemplo? La pregunta reside antes que nada en el deseo de los padres, pero luego los padres van a integrar la mirada social que puede ser estigmatizante. Tener un nombre magrebí, todavía hoy en Francia, puede ser estigmatizante, sobre todo para los niños. Estudios recientes realizados sobre los nombres y apellidos dados a los niños en Francia y Quebec demuestran que, a pesar de la "apertura del mercado de los nombres", pocos franceses inscritos en la tradición cristiana escogen, en el registro de nombres franceses, un nombre connotado como musulmán, y pocos musulmanes escogen para sus hijos un nombre cristiano[6]. Entonces, la pregunta surge necesariamente en una pareja mixta donde cada uno puede ser de tradiciones diferentes, por ejemplo: católico y musulmán o no creyente; se trata aquí de pertenencias religiosas y sociales en sentido amplio. Desde la reforma en 2005 de los apellidos en Francia surge la pregunta sobre qué apellido dar al niño: ¿el del padre? ¿el de la madre? ¿el de los dos? ¿cuál primero? Todas estas preguntas se plantean en las parejas mixtas en función de la legislación sobre los apellidos familiares. La posible elección entre el apellido paterno o materno o su asociación existe también en Quebec. Las parejas mixtas, incluso más que las otras, se enfrentan a esta decisión en cuanto al nombre y apellido del niño sabiendo la importancia del acta de nominación para definir al niño como ser sexuado y perteneciente a una familia y un grupo.

Existen muchas otras situaciones de mestizaje tal como lo concebimos: los hijos de familias expatriadas que cruzan universos cultural, social y lingüísticamente diferentes, que deberán hacer un trabajo de vinculación aun cuando sus padres intenten mantener "lo parecido y familiar". Aquí los mestizajes se refieren más a los niños que a sus padres en la medida en que estos últimos permanecen habitados por las representaciones e imágenes que pertenecen al mundo de donde provienen. Sin embargo, los bebés, serán a veces confiados a niñeras del país donde vive la familia, niñeras que pueden tener representaciones diferentes de la forma de actuar con un bebé, de la naturaleza de sus necesidades, de la manera de consolarlo o cuidarlo. Esto se estudia poco, al igual que el papel de las niñeras de cultura diferente a la de las madres en Francia o Bélgica. Se asume implícitamente que la niñera no trasmite su cultura al mismo tiempo que el cuidado cotidiano. Sin embargo, ella transmite a través del lenguaje e incluso sin hablar, por el cuidado cotidiano y su manera de hacer con el bebé, una visión del mundo y del bebé en este mundo. Ella

---

6. Estudio de J.-P. Albert citado en: Fine y Ouellette (2005).

establece con el bebé interacciones en un estilo que lo moldea de manera diferente a la de su madre. El bebé integra dos formas diferentes y toma lo que puede en cada sistema interactivo, su mestizaje es, por lo general, armónico. Existen a veces hiatos o contradicciones. La niñera no sólo trasmite valores y modalidades culturales sino que lo hace en un clima afectivo que es importante para ella. Recuerdo un bebé de nueve meses cuidado en Francia, por una niñera portuguesa, que presentaba una depresión suficientemente intensa para llamar la atención de sus padres, quienes constataron un cambio brusco y un repliegue. Nada parecía explicar esta depresión en el niño, hasta que supe que había muerto la madre de la niñera por lo que ella se sentía muy triste. Una exploración más fina mostró que la niñera había asignado al bebé el rol de confidente a quien ella podía decir y cantar su angustia y su duelo. Más allá de estas situaciones particulares, los bebés a cargo de cuidadores del país donde los padres están expatriados, viven experiencias de mestizaje que los conectan con el mundo donde han crecido, con el que mantienen una relación por el estado afectivo, lo sensorial y a veces por las palabras de la niñera. Pero, a menudo, el apego a la niñera y a sus pertenencias está debajo de las palabras.

Los bebés en las llamadas nuevas familias y los parentescos escogidos

También existen familias homoparentales, generalmente madres solas pero asimismo padres solos que deben negociar con sus propias representaciones de lo que es una familia y las necesidades de los hijos. Aquí la madre sola debe jugar los roles de madre y padre, lo que supone una modificación de sus propias representaciones para asumir estas funciones, y para ello contar con la ayuda de su entorno.

Cada vez más en nuestras sociedades, coincidiendo con las llamadas sociedades tradicionales, procreación y afiliación se disocian debido a nuevas filiaciones o nuevas constelaciones familiares: los hijos nacidos por procreación médicamente asistida (PAM), los hijos de parejas homoparentales... Todas estas situaciones nos recuerdan lo que dice con vigor la antropología, a saber, que *el parentesco es principalmente cultural y no solo biológico*. Lo cultural prevalece sobre lo biológico y le da sentido. En dichas situaciones, los bebés son acogidos en una familia, a la cual le corresponde tejer vínculos, relacionar al niño con ella y con el grupo a través de sentimientos y representaciones y no solo por lo que sería natural debido a lo biológico y que se nos impondría. Estas nuevas filiaciones no sólo han demostrado que procreación y filiación pueden disociarse en el mundo contemporáneo, sino que también han llevado a modificaciones del concepto de padre y madre, tal como lo demuestran Delaisi de Perceval y Collard (2007). "Estos nuevos bebés", niños de hoy y mañana, transforman a los padres, las madres y la parentela.

Existen muchas otras situaciones en donde los bebés vienen de otro mundo diferente al de sus padres: los niños de la adopción internacional, por ejemplo, los parentescos escogidos, como los llama Agnès Fine (1998). A través del embarazo y de las primeras huellas lingüísticas y sensoriales, los bebés han vivido una primera experiencia afectiva y cultural primordial en la medida en que inicia la vida del niño. Luego, es separado de su madre más o menos rápidamente y en condiciones que pueden ser violentas según las dificultades y avatares. El niño puede ser confiado a una institución y luego unirse a una nueva familia en un nuevo país. Aquí es el niño quien hace el viaje y que se mestiza mientras guarda en su interior rastros de sus primeros momentos y de este primer mundo, a veces también de su primer trauma. En este caso, sólo el niño es portador de estas primeras huellas culturales, de las cuales no conocemos el futuro porque ha sido poco estudiado excepto en algunos trabajos actuales, provenientes de Estados Unidos, interesados en las primeras huellas culturales y en cómo su apoyo favorece o no el desarrollo de los niños[7]. Pocos análisis permiten responder esta pregunta cuando se trata de bebés. ¿En qué se convierte, en la adopción internacional, la memoria genealógica primitiva, como la llama Zonabend, en la historia de una familia normanda que adoptó tres hermanas en

---

7. Un estudio se está llevando a cabo bajo mi dirección y coordinado por A. Harf, C. Mestre y S. Skandrani en la consulta "adopción internacional" de la Casa de Adolescentes-Casa de Solenn del hospital Cochin en París. Es la continuación del estudio de Harf (2006).

Corea? ¿Cómo se construye un nuevo parentesco manteniendo, si fuera necesario, la memoria de los orígenes? Esta es la pregunta que se hacen a menudo los padres en el momento de la adopción y la que se plantearán luego los niños, particularmente en el período adolescente. La producción de una identidad de filiación está arraigada en el modelo de parentesco local (de los padres) y está anclada, pero quizás, de forma inconsciente en la memoria genealógica. La construcción del nuevo relato familiar se inscribe en una discontinuidad que debe tener sentido para el niño adoptado.

El período de la primera infancia junto con el embarazo que se inscribe en las generaciones que nos precedieron es un momento privilegiado para construir el vínculo entre madres/padres/hijos de forma segura, plural y respetuosa de las singularidades e historias de los padres dentro de su contexto. Esta pluralidad es una oportunidad para los bebés, siempre que se asuma a nivel colectivo y se permita la variación individual e íntima.

Así, respetar la primera lengua del bebé, ayudar a sus padres a trasmitirla, respetar las formas de pensar y hacer de las madres y padres migrantes con sus hijos, es un eje esencial de la prevención temprana en situación migratoria. Dicho respeto de la diversidad cultural y de las competencias propias de los padres permitirá a su vez que el niño encuentre un lugar seguro en el mundo de acogida de sus padres, que se convertirá en su propio mundo.

Los hijos de migrantes en la escuela, cambiar de un idioma a otro y de un mundo a otro

Cuando la escuela decepciona

En el marco de la puesta en marcha de su programa de trabajo "Educación y formación 2010", la comunidad europea ha constituido una red de expertos en ciencias de la educación. Uno de los ejes de trabajo de esta red concierne a "educación, migración, desigualdades, exclusión social". Los países europeos estudiados son: Austria, Bélgica, Dinamarca, Francia, Alemania, Luxemburgo, Noruega, Países Bajos, Suecia y Suiza. El preámbulo de este informe establece que "los alumnos inmigrantes son estudiantes motivados y tienen una actitud positiva hacia la escuela. A pesar de esto, sus resultados son a menudo más bajos que sus pares nativos en las materias claves como matemáticas, lectura, ciencia así como en sus competencias generales para la resolución de problemas".

Esto ya había sido advertido en nuestros análisis anteriores, lo que tiende a demostrar que el tiempo por sí solo no cambia la relación con el saber y la escuela de los niños de migrantes. Muchas cuestiones permanecen no resueltas y el acceso al conocimiento de los niños sigue siendo profundamente desigual. El preámbulo continúa planteando una situación paradójica:

"ya que los dispositivos de acogida de los niños recién llegados en las estructuras específicas están, a priori, concebidos para facilitar la integración en el sistema escolar del país de acogida".

Sin embargo, el uso que se hace del sistema escolar en ciertos países o regiones muestra sus límites. Éste es el caso en algunos cantones suizos o en Austria, donde 20,6% de hijos de inmigrantes, en su mayoría varones, asisten a una Sonderschute, escuela para niños con necesidades especiales, discapacitados mentales o físicos (para registro, hay 9% de niños inmigrantes en la enseñanza ordinaria) (Luciak, 2004).

"Se observa una situación similar, aunque menos marcada, en la comunidad flamenca de Bélgica, en los Países Bajos o en Alemania. Francia está siendo citada por la sobrerrepresentación de hijos de inmigrantes en la SEGPA (sección de enseñanza general y profesional adaptada) y los EREA (establecimientos regionales de enseñanza adaptada) (Luciak, 2000, Feyfant, 2008)".

Por esta situación, los hijos de inmigrantes constituyen un grupo vulnerable, una categoría de riesgo, que se enfrenta a la escolaridad, a veces, de forma violenta. La escuela es, para ellos, un lugar que destila sufrimiento, duda y una experiencia de pérdida de esperanza e ilusión de éxito individual y colectivo. Lo mismo sucede con sus padres, quienes a menudo tienen grandes dificultades para renunciar al éxito de sus hijos ya que esta idea es parte integral de su proyecto migratorio.

¡Cuántas palabras hemos escuchados sobre este tema!: "dejé mi país para que mis hijos, a diferencia mía, aprendan a leer y escribir" o "querría que mi niño/niña se convierta en un caballero, una dama" o también "querría que mi hijo/hija tenga la libertad de emprender...". Estos elementos participan de la transmisión transgeneracional, que reciben los niños. Pero si no pueden unirse a este proyecto, si la escuela no se familiariza con ellos permaneciendo extraña, entonces el dolor y la decepción son tanto o más fuertes que el resentimiento hacia este mundo externo que, decididamente, no los reconoce y los obliga a quedar al margen, al igual que sus padres.

El tiempo no apacigua nada

Vemos entonces que el elemento que más nos debería alertar es el hecho de que las dificultades están empeorando con la segunda generación: estos niños nacieron en los respectivos países de acogida y la cuestión de la "integración" ya no debería plantearse. Han nacidos aquí y en su gran mayoría se quedarán.
Sin embargo,

"[según Garson], quien intervino en un seminario sobre la realidad social francesa en el ámbito europeo, lo que importa es la integración de los inmigrantes y sus hijos en el mercado laboral. Si comparamos la primera y la segunda generación, constatamos que los jóvenes de la segunda generación están peor colocados en el mercado laboral" (Feyfant, 2008).

"En Alemania las dificultades son fuertes para la primera y la segunda generación, al igual que en el Reino Unido. En Francia, se agrava un poco de una generación a la siguiente. Es una paradoja ya que los inmigrantes que llegaron durante los 'treinta años gloriosos' no tenían un alto nivel de educación; la situación no mejoró para sus hijos quienes, sin embargo, nacieron y fueron educados en Francia" (*ibid*).

Así la cuestión de la adaptación no es suficiente para entender estos sufrimientos de la segunda generación, puesto que por definición ellos están adaptados a la situación, ya que es la única que conocen. Por eso, debemos tener en cuenta los trabajos que describen desde el interior la vulnerabilidad de estos niños colocados en una situación transcultural y las condiciones que permiten que dichos obstáculos, que no se desvanecen con el tiempo, se conviertan para ellos en una nueva creatividad, siempre que la reconozcamos y la escuela tenga presente la diversidad cultural.

Una vez más, el análisis de varios estudios sobre este tema muestra que la diferencia de éxito de los niños de migrantes no está ligada solamente a sus motivaciones y a la diferencia social. Por lo tanto, debemos buscar en el papel del funcionamiento mismo de los niños en esta situación transcultural, en el papel de la escuela y de la sociedad a la que pertenece. La escuela, como la clínica, no está fuera del mundo.

La diversidad cultural de la sociedad se refleja en la escuela donde muchas veces se concentran a causa de la segregación de los niños de migrantes socialmente desfavorecidos, quienes se encuentran en escuelas abandonadas por los nativos. Estos últimos pueden más fácilmente encontrar estrategias para evitar zonas y escuelas donde existe un porcentaje importante de hijos de inmigrantes.

Nos guste o no –pero aun más fácilmente si no lo queremos, si no lo pensamos, si negamos los hechos denunciados por los mismos alumnos, por sus familias e incluso por las asociaciones de madres y padres de alumnos–, *la escuela crea segregación social y cultural.* En Francia, por ejemplo, podemos ver que aulas enteras, en la enseñanza púdicamente llamada especial, son constituidas únicamente por niños procedentes de África del oeste. O bien, en la enseñanza general, las escuelas primarias y algunas aulas de secundaria de colegios en zonas desfavorecidas socialmente están constituidas únicamente por hijos de migrantes. Los demás niños de familias que viven en estas zonas tienen acceso a estrategias de evitación de estas aulas, en Francia, gracias a exenciones, elección de opciones o, en cualquier lugar de Europa, gracias al juego del sistema privado/público.

La escuela debe aprender a hablar de la pluralidad antes que esconderla

La noción de estigmatización positiva, de valorización de las contribuciones culturales e históricas de los componentes de estas migraciones es un factor importante en la construcción del vínculo social en el seno de la escuela. ¿Qué es lo que merece ser enseñado? ¿Cuál es la parte del conocimiento universal buena para todos? ¿Es mi historia y mi diferencia una parte de la escuela? Es interesante notar que los hijos de migrantes que tienen éxito en la escuela describen generalmente en su trayectoria la existencia de alguien que ha valorizado la diferencia al considerar su contribución a la construcción de la sociedad francesa.

Según Lorcerie, al igual que muchos autores (como Feyfant), es necesario el paso de una escuela étnica a una escuela pluralista; pero para ello hay que "poner en palabras". Cuando la cuestión étnica no se asume, sino que más bien se esconde, se niega, se minimiza, en nombre de los principios universalistas de nuestros países europeos, es difícil pensar en una escuela plural que efectivamente de el acceso real a todos los niños en su diversidad y no solamente a los que se nos parecen.

Sin embargo, una reciente resolución del Parlamento Europeo, dirigida al reconocimiento y valorización de las diferencias, es prometedora.

La diversidad cultural y lingüística de los niños, un valor para cultivar

El 2 de abril de 2009, me llamó la atención una resolución del Parlamento Europeo sobre la educación de los hijos de migrantes. De hecho, en el año 2008, año europeo del diálogo intercultural, fue la ocasión de lanzar el debate sobre desafíos y oportunidades en los sistemas educativos de la Unión Europea. Se establecieron entonces varios debates que correspondían a lo que experimentamos a diario pero que es difícil decirlo alto y claro, puesto que los prejuicios obscurecen la mirada. En primer lugar se determinó que la migración en el seno de la Unión Europea, así como la migración hacia la misma ha aumentado en las últimas décadas, transformando en muchos lugares la configuración de las escuelas. El debate estableció que, a menudo, las diferencias culturales hacen difícil la comprensión y el diálogo entre los alumnos así como entre los alumnos y los profesores. El análisis de los estudios también demostró, lo que se constata regularmente en Francia en nombre de un universalismo ideológico poco eficaz:

> "aparece claramente que los resultados escolares de los hijos de migrantes son considerablemente inferiores a los resultados de los niños nativos del país de acogida y que un gran número de niños de inmigrados escolarizados se encuentran en una precaria situación socioeconómica".

Este hallazgo de fracaso es, por lo tanto, el mismo que se encuentra en los principales análisis europeos revisados en el anterior capítulo. Y esta constatación no se detiene ahí, como lo han demostrado los trabajos realizados en la clínica transcultural de la segunda generación, sino que continúa con el hecho de que

> "a menudo, los talentos de los hijos de migrantes no se descubren y permanecen inutilizados, lo que engendra desventajas sociales, culturales y económicas para el conjunto de la sociedad".

De esta manera, si accedemos a cambiar nuestros prejuicios, la diversidad no sería solo un obstáculo sino también una nueva oportunidad individual y colectiva. Y esto gracias a los trabajos de estos últimos veinte años en el campo de la psicología transcultural o la lingüística, así como las ciencias de la educación o etnopsicoanálisis. Aun más, podemos leer

> "la migración puede ser fuente de enriquecimiento para las escuelas, en el plano cultural y educativo, pero en la ausencia de medidas adecuadas de acompañamiento puede conducir a serias divergencias".

Y así es como en Francia, tomamos consecuencias por causas, y como uno no modifica su forma de ver y hacer, sino que intenta modificar al otro causante de todas las preocupaciones, lo que conduce a callejones sin salida y contradicciones sin solución.

La escuela siempre supone una cierta transformación en los niños, en todos los niños, para así adaptarlos a las obligaciones de los aprendizajes; es inevitablemente un proceso impregnado de violencia y de separación del entorno de origen cuando éste es muy diferente del contexto escolar en el plano lingüístico, social o cultural. Pero si esta violencia tiende a borrar la historia de los niños, su lenguaje, sus vínculos su pertinencia, esto significa un empobrecimiento para los niños que deben renunciar a una parte de sí mismos para aprender en la escuela, y esto de manera definitiva (o casi). En la medida en que hayan interiorizado que este lado de ellos mismos es malo, inútil, incluso perjudicial –lo que no solo es falso sino también humillante y susceptible de conducir a malentendidos, inhibiciones–, se generan dificultades para aprender y habitar este nuevo mundo.

¿Cómo aprender y construirse con una imagen negativa de sí mismo, de una de las partes más íntimas de sí mismo, la más afectiva en la medida en que se relaciona con los vínculos parentales y familiares? La resolución considera más adelante

> "que la diversidad creciente de la población escolar resultante de una inmigración en aumento representa un desafío para la profesión docente, que no está formada para manejar de forma apropiada esta nueva forma de diversidad en las aulas".

Pero, desde nuestro punto de vista, esto es válido para todos los que nos ocupamos de los niños en el hospital, en los barrios, en los tribunales...

Para favorecer la creatividad y las fuerzas vivas de los niños de migrantes no lo suficientemente reconocidas, la circular considera importante "preservar y promover el plurilingüismo que debe incluirse en los programas en todas las escuelas"; insiste sobre el hecho de que "el aprendizaje de idiomas debería fomentarse desde el ciclo preescolar para facilitar la integración de los migrantes"; considera que "el lugar de la lengua materna en el currículo y la organización de esta enseñanza debe dejarse explícitamente a la discreción de los Estados miembros".

Y aquí es donde comienza nuestro trabajo, que no sólo concierne a la escuela sino a la sociedad en su totalidad ya que asume que hagamos una verdadera revolución para salir de la jerarquía de los idiomas y reconocer lo que es evidente: uno aprende a hablar en su lengua materna, y es así, por cierto, que se aprende mejor a hablar en un intercambio de palabras y sentimientos, en intercambios que permiten contarse historias y desear otros idiomas y otras historias. De ahí la importancia del reconocimiento de la diversidad de los idiomas involucrados en un contexto dado, del aprendizaje temprano de los mismos dentro de la familia y la escuela, lo que para los niños no tiene un mismo significado.

La presencia del idioma de los padres en los espacios públicos y escolares es un fuerte acto simbólico de reconocimiento para el niño, que le permite ser como es con los diferentes idiomas que lo habitan. Pero, más allá de la lengua, están en juego la transmisión parental y colectiva. La lengua no se resume a la identidad, es parte de un proceso que puede dar un lugar a la diversidad sin dificultad aparte de nuestros prejuicios y nuestra veneración a uno, el único, de una estructuración que sería tanto más fuerte porque tiene un solo pilar, el mío. Sin embargo la identidad es tanto más fuerte porque es el reflejo de la realidad afectiva y colectiva que viven estos niños. Querer borrar una parte de ellos mismos a través del no reconocimiento de su lengua materna sólo puede conducir a dudas identitarias, malentendidos, represiones que generan violencia y reversión en rabia del amor decepcionado. La realidad les recuerda a estos niños todos los días que deben superar numerosos obstáculos para formar parte de este mundo que también es suyo y esta estigmatización, particularmente en la escuela, contribuye a la construcción de su identidad de "hijos de migrantes". No es tanto que ellos se definen a sí mismos como tales sino, que los otros los ven así y les asignan un cierto lugar, al margen.

Por eso, esta resolución del Parlamento Europeo me llenó de alegría transcultural. Queda un largo camino por recorrer que es el reconocimiento de la diversidad y del plurilingüismo como levadura de la creatividad de los niños, todos los niños. Europa es territorio de traducciones, a diferencia de Estados Unidos que tiene un idioma común, el inglés (aunque el español tiende a ocupar un lugar cada vez más importante). Esta realidad europea que es la de la diversidad de lenguas, de la importancia de las migraciones y, por lo tanto, de la necesaria traducción, es tal vez una oportunidad para una nueva forma de pensar los hijos de migrantes y su relación con el mundo de acogida de sus genitores. Este reconocimiento es al mismo tiempo una filosofía del mundo, de los seres y su construcción identitaria. Es también una oportunidad que debemos aprovechar para los niños de migrantes que por necesidad son traductores de lenguas y de mundos, intermediarios, inventores de imaginarios mixtos y múltiples.

Una historia de todos los días: Makan, el dolor del fracaso

Recientemente, tuve que hacerme cargo de un niño que repitió el primer curso de primaria. Estaba triste, hostil y hasta violento cuando uno se interesaba demasiado en él; estaba asustado. Makan es el primer hijo de la fratría nacido en Francia –lo que a nuestro modo de ver lo hace más vulnerable, puesto que lleva sobre él el efecto de la migración en la familia. La madre estaba en situación irregular debido a su estatus de co-esposa y su vida en Francia nada tenía que ver con lo que se imaginaba. Mientras en Malí se ganaba la vida vendiendo en los mercados, aquí se encontraba totalmente bajo la dependencia de su marido. Ella no pudo volver a su país para los rituales de luto después de la defunción de su padre. Es en este contexto que Makan entró al preescolar. Separado de su madre, el niño, que sin embargo hablaba bien el soninké, se encerró en el mutismo. Los docentes, entonces, le dijeron a la madre: "su hijo padece trastornos del lenguaje, debe dejar de hablarle su idioma, porque lo aparta de los aprendizajes de aquí y obstaculiza su éxito...". Asustada, la joven madre empezó a tener pesadillas, soñando con grandes pájaros que la acusaban de no permitir que su hijo creciera en el mundo francés. Ella decidió intempestivamente transformarse en una madre occidental: no hablarle más en soninké, sustituir el bistec con patatas fritas a la comida tradicional, etc. Como consecuencia de ello, Makan conoció una doble ruptura en la escuela: perdió a su madre y a su mama soninké... y nunca se recuperó realmente.

Traído a la consulta, fue necesario retomar toda esta historia y tratar de rehacer los vínculos permitiendo una interacción y una transmisión madre-hijo. Una madre no puede dar más de lo que tiene, no puede renunciar a ella misma. Obligar a esta madre a hablar francés a su hijo era una ineptitud tanto en el plano lingüístico como en el psicológico. Desde entonces, Makan ha mejorado, pero desde el punto de vista de su escolaridad, ha perdido tres años. Un retraso casi irreversible en Francia en un sistema escolar que raramente da una segunda oportunidad.

Nuestra sociedad no es lo suficientemente abierta, y nuestro sistema escolar no es lo suficientemente personalizado, ya sea que los niños sean superdotados, migrantes, discapacitados o simplemente singulares y vulnerables, como es el caso de cualquier niño. Los que no logran integrar una norma de aprendizaje son considerados fracasados demasiado temprano y apartados. El niño entonces padece doblemente.

Una vez que entendamos las razones de este sufrimiento, podemos curarlo, pero las consecuencias de la exclusión permanecen. Por lo tanto, es importante promover cada día todo lo que permitirá a los niños romper con la separación entre el mundo del hogar y el de la escuela, entre la lengua del hogar y la lengua de la escuela, para ayudarles a hacer la transición y encontrar su lugar en este mundo de mestizaje, que es el suyo.

Los adolescentes: unas construcciones identitarias complejas

Si existe una segunda generación llamada "hijos de migrantes" particularmente visible en la adolescencia es porque, en mi opinión, hay una experiencia social compartida: la de ser considerado como "hijos de migrantes" o "de ser de segunda generación" según las palabras utilizadas por Pap Ndiaye para justificar la categoría de "negros de Francia".

Si se crea una categoría, según una forma de pensar que nos viene de Estados Unidos, es porque hay presunción de discriminación. No es tanto una esencia de ser "negro" o "hijo de migrante", sino una experiencia social compartida que los propios adolescentes buscan hacer desaparecer, "soy como los demás", "como los que nacieron aquí". En otros términos, y siempre usando las palabras de Pap Ndiaye que elijo aplicar la categoría de "hijos de migrantes": si hay hijos de migrantes en Europa es porque socialmente se les considera como tales. Ser "hijo de migrantes" como ser "negro" proviene de una identidad no elegida por los propios adolescentes pero a menudo prescrita a través de experiencias sociales marcadas por diversos procesos de dominación. Encuentros desagradables con instituciones, empezando por la escuela para los más pequeños, y con la sociedad en su conjunto incluida la Justicia y la Policía para los mayores.

Pap Ndiaye propuso, para entender la construcción de la categoría "negros" que aplicamos a la segunda generación, la distinción entre identidad "fina" y "gruesa". Esta distinción nos es muy útil. "La identidad fina es el mínimo denominador común que reúne un grupo dado a través de una identidad prescrita" (*ibid.*). La categoría "hijos de migrantes" procede, a nuestro entender, de la identidad fina. "La identidad gruesa, por su parte, concierne la cultura y los orígenes compartidos por los grupos sociales. Esta última se expresa a través de un mundo asociativo rico, basado en los orígenes" (*ibid.*, p. 88). La segunda generación no es, por lo tanto, una reivindicación de los niños y adolescentes en sí mismos sino un visión colectiva de ellos que se debe asumir y estudiar para transformarla y convertirla en una fuerza, una nueva creatividad. Callarse es, por el contrario, sufrir y no tener medios para dominar y trascender los riesgos de la situación transcultural.

Sin embargo, los adolescentes hijos de migrantes, como todos los adolescentes, están en búsqueda de sentido, de identidades complejas, de historias que asuman sus múltiples facetas, como todos los adolescentes de Europa hijos de migrantes, como todos los adolescentes del mundo, fruto de migraciones parentales y de los movimientos de la historia. Y, como sabemos, los migrantes son ahora tan numerosos en el mundo debido a las crisis, las guerras, elecciones o necesidades que pronto serán más numerosos que aquellos que viven y mueren en el mismo suelo, "*cul de plomb*", como los llamaba Victor Hugo. Por lo tanto, será necesario encontrar modalidades de construcción identitaria que no se arraigan en la tierra, en el suelo histórico sino en todo lo que se transporta, las palabras, los recuerdos, los pensamientos, los cuerpos... identidades efímeras pero consistentes que nos permitan sentirnos vivos, pensar y actuar.

Tratar actualmente la cuestión de adolescentes de la segunda generación de migrantes es una tarea muy delicada. Convertirlo en un tema de investigación epistemológica es un gran desafío, pero vemos que hay estudios desarrollados en toda Europa sobre un tema que se ha convertido en eminentemente europeo. El metanálisis reciente, retomado en la resolución europea del 2 de abril 2009 sobre la educación de los niños de migrantes que estudiamos más arriba, demuestra que existen más dificultades escolares para los niños de migrantes que para los otros. Estas dificultades se acentúan con la edad y se vuelven masivas en la adolescencia. El fracaso escolar es importante y se constata una pérdida de oportunidades en los adolescentes hijos de migrantes en relación con los nativos de un nivel social equiparable. Luego se plantea la cuestión difícil de su integración en el mercado del trabajo.

La cuestión de la escuela es crucial porque determina en parte el futuro de estos adolescentes en la sociedad de acogida de sus genitores, convertida en su sociedad de pertinencia, pero que no resume las dificultades de estos adolescentes que no superan la esfera escolar.

En efecto, partiendo de la clínica con estos adolescentes y de las preguntas que plantean, vemos cómo los parámetros culturales vienen a complicar los análisis individuales. El conjunto de estos datos debe necesariamente ser integrado en cualquier reflexión para entender mejor y, por lo tanto, para poder actuar.

Para los adolescentes, negociar entre lo mismo y el otro

Conocemos ahora lo que moviliza el proceso adolescente. La transformación física de la pubertad sitúa al adolescente frente a una obligación: reanudar con los conflictos apartados en el período de latencia, situarse en su identidad sexual reelaborando el conflicto edípico del período genital y los conflictos arcaicos fantasmáticos. El adolescente se encuentra confrontado a un trabajo psíquico considerable, en la medida en que debe modificarse, aceptar las diferencias que lo separan de su "Yo infantil"; las físicas obviamente, pero también las psíquicas que lo singularizan mientras lo colocan en su linaje.

El cuestionamiento ansioso en el que se encuentra el adolescente en cuanto a su identidad sexual se ve reforzado por un sentimiento de inadecuación o rareza relacionado con su nueva imagen corporal. El acceso a la identidad sexual lo obliga a hacer el duelo de una megalomanía infantil y una bisexualidad triunfadora. Abandonar el poder del estado de niño moviliza la capacidad del individuo para avanzar hacia este extraño estatuto desconocido de ser un adulto. Experiencia ambivalente de trasformación de los puntos de referencia, afloramiento de los sentidos que apela a las defensas del individuo frente a lo desconocido sin estar preparado para ello. Se trata de un viaje hacia al interior, desestabilizador, que cuestiona en los adolescentes hijos de migrantes las imágenes parentales a través, por ejemplo, del cuestionamiento de los afectos ligados al viaje migratorio de sus padres y los recuerdos –generalmente de pérdida dolorosa– relacionados.

La adolescencia, a través de las modificaciones que introduce en el cuerpo como último referente (instrumento de medición) recuerda y trae a la superficie las fragilidades asociadas a las anteriores separaciones y rupturas de contenedores, en particular el del marco cultural externo como envolvente sensorial, organizador y estructurante. Entonces es cuando la ruptura migratoria vivida por los genitores y transmitida al niño reaparece como angustia de separación. Las experiencias de sin sentido como las que pueden vivir estos adolescentes en un mundo tan inquietante y tan imprevisible adquieren luego una valencia traumática en este inevitable efecto secundario, especialmente si no es evacuado por una progresiva "nueva versión de la historia".

El adolescente debe negociar su identidad entre estas dos polaridades del mismo y del otro, debe identificar parecidos y diferencias para construirse como un ser autónomo. Momento que contiene potencialidades de resolución, la adolescencia incluye también riesgos de desestructuración inherentes al proceso vital de nueva construcción. Es entonces cuando se solicitan los fundamentos narcisistas de la personalidad, como garantes de un sentimiento de continuidad psíquica, mientras que el mantenimiento de esta última permanece interdependiente con la percepción de la alteridad y diferencia (diferencias relativas a los otros adolescentes, en particular, los nativos, diferencias relativas a los progenitores…). Cuando el adolescente se plantea la pregunta sobre su historia, plantea también la de su vínculo de filiación con sus progenitores. Para el adolescente hijo de migrantes, este pasaje es más complejo debido a la no-continuidad del contenido cultural que maneja los vínculos de filiación y afiliación. De hecho, el distanciamiento hacia los padres y los movimientos de desidealización consiguientes implican el cuestionamiento de los valores parentales, de su forma de ser y comportarse. A veces, los adolescentes se deshacen de la admiración que destinan a sus padres, no quieren ser como ellos, los critican y juzgan. Toman distancia con las imágenes parentales ideales y remodelan su Yo ideal en relación con nuevas figuras substitutivas que sacan de la sociedad, el grupo, la banda.

¿A quién me parezco?

En esta necesaria redefinición de sí mismo y del otro que todo adolescente tiene que lograr, el momento de la elección de una "pareja" sexual, posiblemente proveniente de un mundo cultural diferente al de sus padres, es un momento crítico. La elección de una pareja, sobre todo en la adolescencia donde todos esos mecanismos están en plena reestructuración, entra a veces en una lógica traumática. Estos encuentros no preparados, no mediatizados por el grupo familia y aún menos por el grupo social, funcionan a veces como acontecimientos también traumáticos. ¿A quién me parezco y quién se parece a mí? ¿Quién es el mismo y quién el otro? ¿Qué me han transmitido? ¿Qué es lo que deberé transmitir en mi turno? ¿Cuáles son mis filiaciones? En este contexto se planteará la temática de la elección de la pareja.

La cuestión de las afiliaciones es necesariamente cultural. En occidente, la alianza es ante todo individual, pero sabemos que existe un determinismo social importante sobre el matrimonio. En otros lugares, en las sociedades tradicionales, el matrimonio es ante todo una elección familiar. Por supuesto, tendríamos que hablar de las representaciones de la mujer y del hombre aquí y en otros lugares, de sus funciones a veces cambiantes y complejas, de las modalidades de su encuentro, de los mecanismos de jerarquización y exclusión. Tendríamos que hablar de problemas específicos, por ejemplo, de las jóvenes magrebíes o de África negra que los padres mandan a su país porque reivindican un lugar diferente al que tradicionalmente les imparte el grupo, el lugar idealizado de la mujer occidental. Estas cuestiones requieren un análisis antropológico y sociológico profundo. Evitemos los juicios que serían ideológicos y oscurecerían nuestro posicionamiento. Un estudio exhaustivo necesitaría un análisis grupo por grupo que tenga en cuenta la situación individual y del contexto socio-familiar y hasta de las relaciones de poder político entre el Sur y el Norte. Unas torpes e intempestivas intervenciones médico-sociales son ineficaces o incluso tóxicas. Las intervenciones deben ser reflexionadas e individualizadas.

La elección de pareja es un momento de inscripción casi definitiva del adolescente en la sociedad de acogida. Se plantea la pregunta de la pertenencia de sus futuros hijos y de los vínculos con su propia familia. Es un momento de gran vulnerabilidad para el adolescente y en particular de fragilidad para su familia. No es raro ver al padre descompensado en forma de neurosis traumática o depresión grave. Por lo general, es el padre quien se ve amenazado por esta transformación del adolescente y el lugar que él elige porque es toda la cuestión de la filiación y la afiliación que se plantea tanto para los niños como para las niñas.

Hasta la adolescencia, el hijo de migrante recurre a la escisión fenomenológica del ser para preservar los vínculos con los dos mundos que lo rodean, mundos que viven como inconciliables e incluso contradictorios. Pero en la adolescencia debe realmente mestizarse. El mestizaje cultural de estos adolescentes pasa por una doble integración de los puntos de referencia propios a cada mundo, por un conocimiento más o menos bueno de las reglas implícitas que manejan los dos sistemas culturales y la recreación de un sistema mestizado. Este mestizaje es debilitante, pero puede convertirse en provechoso cuando los dos polos culturales son reconocidos y aceptados por el individuo y quienes lo rodean, lo que está lejos de ser obvio en la adolescencia, un período de construcción de la identidad, un período de duda y cuestionamiento tanto para el adolescente como para sus padres.

La necesaria conflictividad entre yo y nosotros

Como ya vimos, los adolescentes migrantes están sujetos a una realidad doblemente restrictiva; la de romper ciertos lazos con su cultura sin querer abandonar su pertenencia familiar debido a los profundos lazos emocionales que supone. Pero estos vínculos son a veces ambivalentes, incluso conflictivos. Por ello, es importante no entender el discurso de un adolescente sobre su partencia al primer nivel sino comprenderlos en su complejidad y necesaria conflictividad. Palabras como: "soy de aquí y ya está: no quiero oír hablar de cosas del país"; "todo lo que se refiere al país está desfasado..." son el reflejo de tal conflictividad. También podemos ver otros adolescentes que se sitúan de entrada en un posicionamiento transnacional y que buscan conciliar los valores de aquí y los del país de sus padres. Así, en el estudio de Skandrani, vemos la importancia de las estrategias de las jóvenes para conciliar su virginidad y relaciones sexuales antes del matrimonio y de construirse de forma mestizada. El relieve, en efecto, no es fácil entre el apoyo narcisista que ofrecía hasta entonces el superyo parental y los que el sujeto encuentra entre los valores de su clase de edad. Por otro lado, el YO ideal, debido a esta no identificación de las fuentes de aportaciones narcisistas, permanece ligado al narcisismo del progenitor edípico. Los demás encuentros identificatorios y las posibilidades de inversión propuestas por el grupo como figuras de desplazamiento y mediaciones, que se supone deben servir de apoyo de substituto tras el movimiento de desidealización y desinvestimento parental, no siempre son utilizables para el adolescente de la segunda generación. El mundo francés, y más genéricamente el mundo europeo, no se presta fácilmente a las identificaciones que podrían permitir una afiliación flexible y mestizada a este nuevo universo elegido por sus padres, medio natural de los adolescentes, hijos de migrantes.

¿Cómo la vulnerabilidad puede traducirse en creatividad y nuevas habilidades?

La situación transcultural permite también éxitos a menudo inesperados, a veces espectaculares. Este punto, aunque no lo suficientemente subrayado y estudiado, ha sido investigado por una socióloga, Dominique Schnapper, en un trabajo sobre "la integración de los migrantes" en Francia (1990). En su estudio sobre el destino de los hijos de migrantes, concluye a propósito de la "sobre elección" a la que están sometidos:

"los que la superan sacan un beneficio suplementario en la lógica de la autoafirmación y la distinción, pero el riesgo de fracaso es estadísticamente elevado para los que no tienen los mismos puntos fuertes individuales y sociales" (p. 198).

Los estudios europeos como el de Stanat y Christensen (2006) demuestran también las competencias de los niños, siempre que se reconozca su alteridad. En la población de hijos de migrantes que tienen éxito en la escuela he puesto de manifiesto tres escenarios:

- el niño se beneficia de un entorno que proporciona la seguridad suficiente y rica en estímulos de todo tipo;
- el niño encuentra en su entorno adultos que les sirven de iniciadores (guía en el nuevo mundo);
- el niño está dotado de capacidades singulares y de una importante autoestima.

En los dos primeros casos, la situación de desequilibrio inicial ligada a la migración encuentra elementos contextuales para restablecer un nuevo orden y favorece así el desarrollo de potenciales creativos. En el tercer caso, la fuente se encuentra en el interior mismo del niño; se puede, entonces, hablar de una casi-invulnerabilidad del niño, al menos en apariencia. Así, numerosos factores intervienen en la génesis de dicha vulnerabilidad específica: la personalidad de cada niño, su rango en la fratría, el investimento parental, etc.

Desde un punto de vista metodológico, para entender el lugar del niño en una familia de migrantes no procedente de una sociedad occidental es necesario integrar estos datos suplementarios que son la cultura de origen de la familia y sobretodo su migración, por lo tanto su situación transcultural –no olvidemos que el hijo de migrantes es un mestizo. Estos datos, incluso si introducen un grado suplementario de complejidad, son imprescindibles para plantear el problema de forma pertinente.

Teniendo en cuenta estas nuevas variables, pasamos de una situación homogénea –la familia y el niño en el interior de una cultura dada– a una situación heterogénea, de un grado de complejidad superior. Sin embargo, esta descentración metodológica resulta ser de gran utilidad clínica, nos permite pensar el niño dentro de su singularidad y riqueza. Nos obliga a no reducir el niño a normas, por muy científicas que sean, e interpretar los hechos en relación a un contexto donde cobran sentido.

Aceptar la diversidad de los recorridos de los lenguajes y de las historias familiares y sociales, y hacer de esta diversidad un eje fuerte de nuestra acción educativa y clínica es permitir que los niños y sus padres se construyan con felicidad en una sociedad mestizada.

Conducta a adoptar frente a un niño que acaba de llegar a un país que no conoce

En la práctica, parece que hay que distinguir dos situaciones, aunque en realidad están cercanas desde sus consecuencias: el niño nace de padres migrantes en el país de acogida o bien el niño también es migrante. En esta última situación, un parámetro suplementario debe ser integrado, la experiencia traumática del exilio para el niño que hace el mismo el viaje. Esta situación traumática es vivida directamente por el niño, pero sobre todo también de manera indirecta a través de sus padres. Los adultos están desestabilizados por este acontecimiento que, aunque resulte de una elección, causa rupturas internas y externas. Ellos transmiten esta ruptura al niño por su forma de ser con él. Según la edad, el niño expresará este trauma de manera diferente.

En los menores de tres años, se tratará sobre todo de una patología psicofuncional que debe ser identificada y relacionada al evento traumático (vómitos, insomnio, pesadillas, anorexia, dolores abdominales...). Después de eliminar causas orgánicas y particularmente patologías infecciosas frecuentes en el país de origen, será conveniente establecer un marco tranquilizador para la madre y el niño donde la angustia y el dolor puedan expresarse. Hay que evitar ser intervencionista y proponer simplemente a los padres posibilidades de acompañamiento, respetando su forma de pensar y hacer.

Para el niño de tres a seis años, generalmente no escolarizado en el país de origen, el traumatismo se expresa, aquí también, de forma esencialmente somática: dolores abdominales, vómitos... toda una procesión de síntomas psicofuncionales a la vez que regresiones transitorias (llantos, pérdida de ciertas adquisiciones anteriores de lenguaje o comportamentales...). Aquí otra vez conviene, después de realizar una evaluación somática, dejarle tiempo al niño para adaptarse a este nuevo mundo. La entrada a la escuela maternal es necesaria pero debe hacerse sin precipitación y de forma muy progresiva. Hay que cuidar, en efecto, de no añadir a la ruptura del exilio la ruptura con la madre. Si la inmersión es demasiado brusca, comprometemos la entrada del niño es este nuevo mundo.

Para el niño, más allá de seis años, generalmente escolarizado en su país de origen, la patología se expresa esencialmente en el plano psíquico con dos tipos de reacciones que coexisten, a veces, de forma paradójica:

- Un estado de aniquilación psíquica que está marcado por una imposibilidad o retraso en el aprendizaje de la lengua francesa y una dificultad para la inversión del mundo externo.
- Una agresividad del niño tan pronto se encuentra en el mundo externo y particularmente en la escuela. Esto debe correlacionarse con su ansiedad frente a lo desconocido y extraño y el vago sentimiento de hostilidad que él alimenta. Estas reacciones, a veces, van acompañadas de pesadillas repetitivas en las que la misma escena aparece de forma terrorífica: un avión que se estrella, su madre que muere...

Estas patologías reactivas, ligadas al traumatismo y la ansiedad resultante apelan varias reacciones de nuestra parte: mantener el niño en la escuela proponiendo para las situaciones más "ruidosas" un seguimiento del niño y su familia. El psicólogo escolar, en la misma escuela, puede funcionar como un mediador interesante en la medida en que esta patología en el niño, reactiva un acontecimiento traumático conocido que puede aliviarse rápidamente siempre que lo identifiquemos como tal. Este seguimiento también puede ser realizado por un pediatra o un psiquiatra externo a la escuela y siempre en ambulatorio. El uso de la psiquiatría debe permanecer limitado a situaciones serias, ya que a menudo las familias recién llegadas lo viven como una violenta intrusión debido a su desconocimiento de las formas de hacer de la psiquiatría occidental. En tal caso, un breve apoyo en etnopsiquiatría puede ser necesario. La intervención de un especialista debe permitir la creación de un marco donde el traumatismo de la migración pueda elaborarse mediante la narración de la historia familiar, el juego o dibujos de los niños. Hay que evitar toda acción que provoque una nueva ruptura (hospitalización inoportuna, exclusión escolar...).

Por lo tanto, estos elementos deben tenerse en cuenta cuando el niño llega a Europa. Para el resto, la conducta a adoptar es la misma tratándose de un niño nacido en Europa de padres migrantes.

Conducta a adoptar frente a todos los hijos de migrantes

Elementos antropológicos intervienen frente a toda situación médica y social. En las sociedades tradicionales, el niño no se considera como un individuo aislado, sino que mantiene constantes relaciones con su grupo de pertenencia y es considerado el nexo más vulnerable de la familia. Además, el cuerpo y el espíritu no son tomados como entidades distintas. Se consulta al curandero tanto para una enfermedad de piel como para una tristeza. Cuando un niño enferma, ya sea por una enfermedad somática o psíquica, la familia intenta dar sentido a lo que pasa. Entonces, utilizará una de las teorías etiológicas que cada sociedad pone a disposición de sus miembros en un intento de pensar el desorden, para procurar, según la expresión de Zempléni, dar sentido al sinsentido. Estas teorías etiológicas no son creencias ingenuas sino verdaderas palancas que permiten crear nuevos sentidos. Son múltiples y varían en función de las áreas culturales (hechicería, brujería, ataque por un espíritu...). Cuando un niño enferma, las familias a menudo consultan un curandero en Europa antes, durante o después de consultar un médico clínico, un pediatra... El uso de la medicina occidental no es único, es parte de las vías terapéuticas del paciente. Ciertas familias muy a-culturadas sólo recurrirán a la terapia tradicional como último recurso; otras, muy cercanas a estas representaciones culturales, recurrirán rápidamente a ellas y hasta viajarán al país para consultar a un curandero.

Desde la clínica, el niño de migrantes se estructura sobre una distinción (mundo del interior/mundo de fuera). Y presenta una vulnerabilidad específica que se expresa ya sea por una patología orgánica o por una patología psíquica. Esta vulnerabilidad específica requiere la construcción de un marco terapéutico que no reproduzca una separación entre dos sistemas de pensamiento que lejos de ser antinómicos pueden coexistir.

Tener en cuenta la dimensión cultural de la enfermedad incrementa nuestra eficacia terapéutica siempre que se respeten algunas normas que conviene enunciar ahora.

Considerar al niño en su contexto familiar y cultural significa ver sistemáticamente al niño con su familia y con un intérprete cuando el idioma no es el del profesional y la familia lo desea, y finalmente cuando se trata de niños con graves enfermedades, como enfermedades crónicas, afecciones letales, trastornos psíquicos... que movilizan mucho a las familias. Si el niño o adolescente debe ser recibido solo, será después de establecer previamente una relación con los padres. Si los padres están acompañados por miembros de la familia extensa, hasta por vecinos... estos últimos deben entrar en la consulta con el consentimiento de la familia. Estos acompañantes, en efecto, tienen una función tradicional de apoyo que no sólo se debe respetar, sino que debe utilizarse para construir un marco terapéutico que de seguridad. Las familias migrantes se sienten a veces amenazadas por una relación dual con los cuidadores, relación que es poco natural en una sociedad tradicional donde todo concierne al grupo.

Cuando un niño enferma, la familia dará un sentido cultural a este disfuncionamiento. El marco terapéutico establecido debe tener en cuenta estas representaciones parentales o al menos dejar un lugar para esta interpretación diferente. Si esta alteridad no puede existir en el marco terapéutico, la relación que la familia –y por ende el niño– establece con el médico no puede ser más que superficial. El médico debe entonces suspender todo juicio de valor en relación con las representaciones culturales parentales. Debe considerarlas como elemento del marco.

Si se respetan estas representaciones, nos encontraremos entonces en una posición potencial para negociar. Efectivamente, las familias pueden hacer coexistir varios niveles de causalidades y de tratamiento siempre que el médico no establezca una jerarquía entre los sistemas representacionales. Por eso, el marco que ofrecemos a las familias debe preocuparse de esta alteridad; debe favorecer la creación de vínculos entre estos sistemas. Dicho de otro modo, debe ser mestizado. Por eso, es importante respetar y no intervenir en el recorrido terapéutico de la familia, excepto si las prácticas tradicionales interfieren con el tratamiento occidental, cosa que muy raramente se produce. En este caso límite, estaremos en un posicionamiento tanto más favorable que habremos respetado las modalidades de los cuidados tradicionales hasta entonces.

Si es menester hospitalizar un niño de migrante, debe estar pensada la hospitalización también en términos de vínculos y no de ruptura suplementaria. Al igual que para todos los niños, la hospitalización es una ruptura con la familia. No obstante, aquí se duplica con una ruptura cultural –el niño pasa al mundo francés. Conviene pues, para evitar las consecuencias de la discontinuidad en estos niños vulnerables, favorecer todo lo que va en el sentido de los vínculos (presencia materna, visitas, respeto de las modalidades de protección tradicionales aportadas por los padres, como por ejemplo los objetos que los niños llevan, respeto de las costumbres alimenticias...). De manera general, si lo desea la familia, hay que asociar el grupo de pertinencia del niño a esta hospitalización.

La vulnerabilidad del niño de migrantes está esencialmente ligada a una división entre el mundo del interior y del exterior. Sin embargo, los principales lugares donde se actualiza la confrontación entre estos mundos son la medicina, la escuela y la justicia. El médico, para ser lo más efectivo posible, debe salir de esta estrategia de confrontación y de separación y, por el contrario, favorecer todo lo que va en el sentido de la multiplicidad de las hipótesis y la creación de lugares de mediación. Debe, por ejemplo, interesarse por la lengua hablada en casa, el origen geográfico de la familia...

Finalmente, hay que pensar en la prevención del riesgo transcultural al que está sometido todo niño de migrantes. Así, contrariamente a un prejuicio compartido tanto por los docentes como por los cuidadores, un niño habla tanto mejor una segunda lengua cuando maneja bien una primera, es decir que su lengua materna está adquirida de forma segura. Favorecer esta actitud en los padres y los niños se inscribe pues, en una verdadera prevención de los disfuncionamientos psíquicos y cognitivos ulteriores.

¿Derivar en el ámbito de la psiquiatría o en psiquiatría transcultural?

Al igual que para los demás niños, una evaluación psicológica o psiquiátrica y luego un seguimiento pueden imponerse en ciertas circunstancias de disfuncionamiento psíquico. Las indicaciones no difieren de la que se plantearían para un niño nativo excepto en un punto ya citado: un niño recién llegado puede reaccionar a este exilio con una patología reactiva que se expresa de forma somática y/o psíquica. En este caso, se trata de establecer una relación de confianza con la familia y de abstenerse de intervenir prematuramente. Hay que dejar tiempo al niño. El establecimiento de un marco terapéutico, la narración de la migración y de la experiencia vivida por el niño de este acontecimiento, la construcción de vínculos entre el antes y el después, bastan a menudo para hacer representable el acontecimiento traumático para el niño y su familia. Entonces, sin mucha ansiedad el niño puede investir el mundo de afuera. Hace falta dejar un tiempo para que elabore este acontecimiento. Los cuidadores menosprecian a menudo el impacto traumático del exilio. El exilio no sólo es un acontecimiento sociológico sino también psicológico. A este traumatismo de cualquier cambio de país se le pueden agregar las consecuencias de una partida brutal y violenta en condiciones de persecución política o desastres naturales. Estos elementos, pueden potenciar los disfuncionamientos.

La consulta de etnopsiquiatría o consulta de psiquiatría transcultural atiende a las familias y sus hijos en segunda intervención. Cinco grandes tipos de intervención se pueden solicitar para los hijos de migrantes:

- Los padres se niegan a acudir a la consulta en la medida en que no pueden representarse la significación de tal acto.
- Los padres consultan pero sin adherirse a las modalidades del tratamiento propuesto ya que las perciben como antinómicas con sus propias formas de pensar o curar la enfermedad. Se

someten al tratamiento, pero es ineficaz porque el marco no está establecido, primera condición de todo seguimiento eficiente.
- La patología del niño está culturalmente codificada (como las etiologías de niño brujo o niño ancestro evocadas por los padres para informar sobre el sufrimiento de su hijo).
- La patología del niño parece directamente ligada a la separación entre estos dos mundos de pertenencia. Tal es el caso de un síntoma muy frecuente: el mutismo extra-familiar de los hijos de migrantes; ellos detienen su palabra tan pronto como salen de su casa, único lugar donde se sienten en seguridad.
- La especificidad del cuidado en tales consultas no radica en los contenidos sino en los contenedores, en las modalidades de establecimiento del marco terapéutico y el reconocimiento sistemático de las complejas interacciones entre el nivel cultural y psíquico en la estructuración del niño. Esta consulta se lleva a cabo en grupos de una decena de terapeutas de formación psicoanalítica, médicos y psicólogos. Cada co-terapeuta habla una lengua diferente al francés y conoce un universo cultural no occidental. La familia puede hablar en su lengua o en francés, el intérprete traduce literalmente y explicita la codificación cultural. El niño es acompañado por sus padres y por todos los miembros de la familia extensa que lo desean. El equipo médico que nos deriva el niño asiste también a la consulta para evitar una ruptura suplementaria. El terapeuta, a partir de las representaciones familiares, co-construye un marco cultural. Sobre este sentido cultural se puede construir, entonces, un sentido individual. Una vez el marco cultural establecido, el trabajo psicoterapéutico puede llevarse a cabo eficazmente.

Para concluir, insistimos en la necesidad de prevención en tales situaciones de emigraciones. Más allá de esto, establecer un marco de atención que sea pertinente no sólo para el médico o trabajador social, sino también para la familia, tiene que ver con la ética y la pragmática del vínculo y del mestizaje. Dos ejes claves de nuestro mundo globalizado.

Bibliografía

AULAGNIER, P. (1989), "Se construire un passé", *Journal de Psychanalyse de l'enfant*, 7, pp. 119-120.

BONNET, D. (1988), *Corps biologique et corps social. Procréation et maladies de l'enfant en pays mossi, Burkina Faso*. Orstom, Paris.

BRIL, B.; ZACK, M. (1989), "Du maternage à la puericulture", *Informations Sociales*, 5, pp. 30-40.

CADORET, A. (2007), "L'apport des familles homoparentales dans le débat actuel sur la construction de la parenté", *L'Homme*, 183, pp. 55-76.

DELAISI DE PARSEVAL, G.; COLLARD, C. (2007), "La gestation pour autrui. Un bricolage des représentations de la paternité et de la maternité euro-américaines", *L'Homme,* 163, pp. 29-54.

DEVEREUX, G. (1988), "L'image de l'enfant dans deux tribus. Mohave et Sedang", *Revue de Neuropsychiatrie infantile et d'hygiéne mentale de l'enfant*, 4, pp. 26-35.

DEVEREUX, G. (2004), "L'image de l'enfant dans deux tribus : mohave et sedang et son importance pour la psychiatrie de l'enfant", *Temps d'arrêt, communauté française*, décembre.

FEYFANT, A. (2008), "Éducation, migration, inégalités et intégration en Europe", *Dossier d'actualité*, 35, pp. 1-12 <http://www.inrp.fr/vst>.

FINE, A.; OUELLETTE, F.R. (2005), *Le Nom dans les sociétés occidentales contemporaines*. Presses Universitaires du Mirail, Toulouse.

HARF, A. (2006), *Le récit de l'adoption: un révélateur du trauma des parents adoptifs*, Mémoire de Master M2 Recherche, Université Paris.

LALLEMAND, S.; JOURNET, O.; EWOMBÁ-MOUNDO, E. *et al.* (1991), *Grossesse et petite enfance en Afrique Noire et à Madagascar*. L'Harmattan, Paris.

LORCERIE, F. (2004), *École et appartenances ethniques: Que dit la recherche?* Ministère de l'Éducation nationale, Paris.

LUCIAK, M. (2004), *Migrants, minorities and education: Documenting discrimination and integration in 15 member states of the European union*. European Monitoring European communities, Luxembourg.

Moro, M.R. (2001), *Parents en exil. Psychopathologie et migrations.* P.U.F., Paris.

Moro, M.R. (2002), *Enfants d'ici venus d'ailleurs. Naître et grandir en France.* La Découverte, Paris.

Moro, M.R. (coord.) (2004), "Bébés étranges, bébés sublimes", *L'autre, Cliniques, Cultures et Sociétés*, 14. La Pensée sauvage, Grenoble.

Moro, M.R. (2007), *Aimer ses enfants ici et ailleurs. Histoires transculturelles.* Odile Jacob, Paris.

Moro, M.R. (2009), *Nos enfants, demain. Pour une societé multiculturelle.* Odile Jacob, Paris.

Moro, M.R.; Nathan, T.; Rabain-Jamin, J. *et al.* (1989), "Le bébé dans son univers culturel", en Lebovici, S., Well-Halpern, F., *Psychopathologie du bébé.* P.U.F., Paris, pp. 683-750.

Mead, M. (1963), *Mœurs et sexualité en Océanie.* Pion, Paris.

Nathan, T. (1986), *La folle des autres. Traité d'ethnopsychiatrie clinique.* Dunod, Paris.

Nathan, T.; Moro, M.R. (1989), "Enfants de djinné. Evaluation ethnopsychanalytique des interactions précoces", en Lebovici, S.; Mazet, P.; Visier, J.P., *Evaluations des interactions précoces.* Eshel, Paris, pp. 307-340.

Ndiaye, P. (2008), *La condition noire. Essai sur une minorité francaise.* Calmann-Lévy, Paris.

Rabain-Jamin, J.; Wornham, W. (1990), "Transformations des conduites de matemage et des pratiques de soin chez les femmes migrantes originaires d'Afrique de l'Ouest", *Psychiatrie de l'enfant*, 33(1), pp. 287-319.

Schnapper, D. (1991), *La France de l'intégration. Sociologie de la nation en 1990.* P.U.F., Paris.

Skandrani, S. (2008), *La construction de l'identité chez les jeunes filles d'origine maghrébine en situation transculturelle,* Thèse de psychologie, Université Paris.

Stanat, P.; Christensen, G. (2006), *Where immigrants students succeed: A comparative review of performance and engagement in PISA 2003.* OCDE, Paris.

Stork, H. (1986), *Enfances indiennes. Étude de psychologie transculturelle et comparée du jeune enfant.* Paidós/Le Centurion, Paris.

Super, C.M.; Harkness, S. (1986), "The developmental niche: a conceptualization of the interface of child and culture", *International Journal of Behavioral Development*, 9, pp. 545-69.

Zempleni, A. (1983), "Le sens de l'insensé: de l'interprétation «magico-religieuse» des troubles psychiques", *Psychiatrie française*, 4, pp. 29-47.

Zonabend, F. (2007), "Adopter des sœurs. Construction de la parenté et mémoire des origines", *L'Homme*, 183, pp. 9-28.

Sitios web sobre clínica transcultural:

www.marierosemoro.fr
www.clinique-transculturelle.org
www.revuelautre.com

Acerca de los autores

MARIE ROSE MORO. Es médica psiquiatra. Psicoanalista, miembro de la Sociedad Psicoanalítica de Paris y de la IPA (International Psychoanalytical Association), Profesora de psiquiatría de bebés, niños y adolescentes y catedrática, Universidad de París, Francia <www.marierosemoro.fr>. Recibió el Orden de Mérito en 2006 y la Legión de Honor en 2008.

Es directora de la Casa de los adolescentes, servicio universitario y público de psiquiatría y medicina del adolescente, Maison de Solenn, Hospital Cochin, Francia <www.maisondesolenn.fr>. Es especialista de psiquiatría transcultural y ha desarrollado la primera consulta transcultural para los niños de la segunda generación de inmigrantes en Francia y es una de las líderes de la psiquiatría transcultural en el mundo <https://fr.wikipedia.org/wiki/Marie_Rose_Moro>, <www.Transculturel.eu>. Ha creado la revista transcultural de referencia, *L'autre* <www.revuelautre.com>. Es presidenta de l'Association Internationale d'Ethnopsychanalyse <www.clinique-transculturelle.org>. Trabajó con niños y adolescentes en varios países del mundo con Médicos Sin Fronteras desde 1989. Es autora de muchos libros y artículos en francés, inglés, español y portugués.

ALGUNAS REFERENCIAS BIBLIOGRÁFICAS (bibliografía completa disponible en: <www.marierosemoro.fr>).

- MORO, M.R. (2013), *Mestre C. Je t'écris de… correspondance entre Marie Rose Moro et Claire Mestre (2010-2012)*. La pensée Sauvage, Grenoble.
- MORO, M.R. (2012), *Les enfants de l'immigration : une chance pour demain*. Bayard, Paris.
- MORO, M.R. (2010), *Nos enfants demain. Pour une société multiculturelle*. Editions Odile Jacob, Paris.
- MORO, M.R. (2010), *Les ados expliqués à leurs parents*. Bayard, Paris.
- MORO, M.R. (2007), *Aimer ses enfants ici et ailleurs. Histoires transculturelles*. Editions Odile Jacob, Paris.
- BAUBET, T. & MORO, M.R. (2009), *Psychopathologie transculturelle*. Masson, Paris.
- MESTRE, C. & MORO, M.R. (eds.) (2008), *Partir, migrer. L'éloge du détour*. La Pensée sauvage, Paris.
- LACHAL, L., ASENSI, H. & MORO, M.R. (eds.) (2008), *Cliniques du jeu. Jouer, rêver, soigner ici et ailleurs*. La Pensée sauvage, Paris.
- MORO, M.R., NEUMAN, D. & RÉAL, I. (eds.) (2008), *Maternités en exil. Mettre des bébés au monde et les faire grandir en situation transculturelle*. La Pensée sauvage, Paris.

- Moro, M.R. & Lachal, C. (2006), *Les psychothérapies. Modèles, méthodes et indications.* Armand Colin, Paris.
- Moro, M.R., Moro, I. & cols. (2004), *Avicenne l'andalouse. Devenir psychothérapeute en situation transculturelle.* La Pensée sauvage, Paris.
- Moro, M.R., De La Noë, Q. & Mouchenik, Y. (2004), *Manuel de psychiatrie transculturelle. Travail clinique, travail social.* La Pensée sauvage, Paris (2da ed. 2006).
- Moro, M.R. (2002), *Enfants d'ici venus d'ailleurs. Naître et grandir en France.* La Découverte, Paris.
- Moro, M.R. (1998), *Psychothérapie transculturelle des enfants de migrants.* Dunod, Paris.
- Moro, M.R. (1994), *Parents en exil. Psychopathologie et migrations.* P.U.F., Paris (2da y 3ra ed. 2002).

BERNARD GOLSE. Pediatra, Psiquiatra de niños y psicoanalista (Miembro de la Asociación Psicoanalítica de Francia). Jefe de Servicio de Psiquiatría Infanto Juvenil del Hospital Necker-Enfants Malades de París hasta 2019 y Profesor emérito de Psiquiatría del Niño y el Adolescente de la Universidad René Descartes (Paris V).

Luego de estudios de lingüística, una tesis en ciencias y un doctorado en biología humana sobre los procesos psicóticos precoces, lo nombran jefe del Hospital de día para niños autistas y psicóticos creado por el Profesor Michel Soulé en el Instituto de Puericultura de París (1983-1993). Fue miembro del Consejo Superior de la Adopción y Presidente del Consejo Nacional de Acceso a los Orígenes Personales (CNAOP). Formó parte del comité ejecutivo de la Asociación Internacional de Psiquiatría del Niño y el Adolescente y de profesiones afiliadas IACAPAP. Desde 2007 es presidente de la Asociación Pikler Loczy-France y desde 2009 de la Asociación de Formación Psicoanalítica de Psicoterapeutas de Niños y Adolescentes (AFPPEA) en el seno de la EFPP (European Federation of Psychoanalytic Psychotherapies). Es miembro fundador y presidente desde 2014 de la Asociación Europea de Psicopatología del Niño y el Adolescente (AEPEA).

Junto al Profesor Serge Lebovici, fundó en 1994 el grupo francófono de estudios e investigaciones sobre la salud mental de los bebés, afiliado a WAIMH (Asociación Mundial por la Salud Mental del Bebé). Las investigaciones actuales se desarrollan en el campo de la psiquiatría perinatal, teniendo en cuenta los avances de las neurociencias y la psicología del desarrollo sin renunciar a los fundamentos de la reflexión metapsicológica. Especialista del desarrollo precoz y de los niveles arcaicos del funcionamiento psíquico, se interesa particularmente en la constitución psíquica y la instauración de los procesos de semiotización y simbolización, así como de las relaciones entre la música y las raíces del lenguaje.

Bernard GOLSE forma parte del comité de redacción de l'Encyclopédie Médico-Chirurgicale y de la revista *La Psychiatrie de l'Enfant*. Es co-director de la colección «Le fil rouge» de Presses Universitaires de France, en colaboración con Gilbert Diatkine y Philippe Jeammet. Es cofundador y director de la colección multimedia «A l'aube de la vie», con Serge Lebovici, Michel Soule, etc.

Recibió en Praga en 2016 el Premio «Serge Lebovici» de la WAIMH y ha sido nombrado Profesor emérito de Psiquiatría del niño y el adolescente de la Université Paris Descartes en 2018.

Algunas referencias bibliográficas (bibliografía completa disponible en: <www.psynem.org>).

- Golse, B. (2019), *Le bébé et ses possibles*. Editions Erès, Toulouse.
- Golse, B. & Guerra, V. (2019), *Le bébé, la sensorialité et la créativité*. P.U.F., Paris.
- Golse, B. & Moro, M.R. (dirs.) (2014), *Le développement précoce de l'enfant (de la conception jusqu'au langage)*. Masson, Paris.
- Golse, B. (2013), *Mon combat pour les enfants autistes*. Editions Odile Jacob, Paris.
- Golse, B. (2010), "Y a-t-il une psychanalyse possible des bébés?", en: Cramer, B., Eliez, S. & Solca, B. (dirs.), *Des psychanalystes en pédopsychiatrie*. P.U.F., Paris, pp. 57-95.
- Golse, B. (2010), "Les débuts du langage et de la pensée. Naître dans un monde où il y a déjà du langage et de la pensée", en: Moro, M.R., Riand, R. & Plard, V. (dirs.), *Manuel de psychopathologie du bébé et de sa famille*. Editions La Pensée sauvage, Grenoble, pp. 157-166.
- Golse, B. (2010), *Les destins du développement chez l'enfant (Avenirs d'enfance)*, Editions Erès, Toulouse.
- Golse, B. & Roussillon, (2010), *La naissance de l'objet (une co-construction entre le futur sujet et ses objets à venir)*. P.U.F., Paris.
- Golse, B. & Álvarez, L. (2008), *La Psychiatrie du bébé*. P.U.F., Paris.
- Golse, B. (dir.) (2008), *Le développement intellectuel et affectif de l'enfant. Compléments sur l'émergence du langage*. Masson, Paris (4ta ed. renovada y aumentada).
- Golse, B. (2006), *L'Être-Bébé (Les question du bébé à la théorie de l'attachement, à la psychanalyse et à la phénoménologie)*. P.U.F., Paris.
- Golse, B. (1999), *Du corps à la pensée*. P.U.F., Paris.
- Golse, B. & Bursztejn, C. (1993), *Dire; entre corps et langage - autour de la clinique de l'enfance*. Masson, Paris.
- Golse, B. & Bursztejn, C. (1990), *Penser, Parler, Représenter. Emergences chez l'enfant*. Masson, Paris.
- Golse, B. (1990), Insister-Exister. De l'être à la personne. P.U.F., Paris.
- Golse, B., Parquet, Ph. & Bursztejn, C. (1990), *Soigner, éduquer l'enfant autiste?* Masson, Paris.

www.ingramcontent.com/pod-product-compliance
Lightning Source LLC
Chambersburg PA
CBHW022120040426
42450CB00006B/777